LOS DIEZ MANDAMIENTOS EN EL SIGLO XXI

십계와 21세기

하느님의
명령을 기억하라

페르난도 사바테르 (Fernando Savater) 지음
김현철 옮김

십계와 21세기

LOS DIEZ MANDAMIENTOS EN EL SIGLO XXI

십계와 21세기

하느님의 명령을 기억하라

초판 1쇄 펴냄 2006년 8월 16일

지은이 | 페르난도 사바테르
옮긴이 | 김현철

발행인 | 이준 / 아트디렉터 | 성원철 / 제작 | 윤권영 / 표지 디자인 | 박선이 / 영업팀장 | 오세동
펴낸곳 | 도서출판 북스페인 / 136-033 서울시 성북구 동소문동 3가 65-5번지 5층
대표번호 | 02-922-9701 / 팩시밀리 | 02-922-9706
e-mail | bookspain@hanmail.net
ISBN 89-91482-08-2 03230

이 책은 북스페인이 저작권자와의 계약에 따라 발행한 것이므로
본사의 허락없이는 어떠한 형태나 수단으로도 이 책의 내용을 이용할 수 없습니다.
＊잘못된 책은 바꿔 드립니다.

LOS DIEZ MANDAMIENTOS EN EL SIGLO XXI

십계와 21세기

하느님의
명령을 기억하라

페르난도 사바테르 (Fernando Savater) 지음
김현철 옮김

차 례

프롤로그

에필로그

신과 인간이 함께 지켜나가야 할 공통의 목표

21세기라는 개명 천지에 살면서 십계명에 대해 생각해본다? 고리타분하다고 생각할 것이다. 어쩌면 시간낭비라고 생각할지도 모르겠다. 나는 아주 어린 시절부터 십계명에 대해 알고 있었다. 하느님과 프랑코가 온 세상을 지배하던 그런 시절이었다. 우리는 종교 수업시간에 다른 건 다 제쳐두고 십계명과 독재자의 말을 곧이곧대로 믿고 따르라고 강요받았다.

시간은 착착 흘러갔다. 나는 성장함에 따라 하느님의 율법을 대수롭지 않게 생각하게 되었다. 이제 하느님의 율법은 아득한 어린 시절의 기억일 뿐이다. 무엇이 무엇인지 도통 헷갈리기만 할 뿐 도무지 분명하게 떠오르지 않는다. '네 부모를 탐내지 말라'고 한 것도 같고 '휴일을 즐겨라'고 한 것도 같다. 내가 이런 주제를 다루게 된 이유는 한편으로는 내 유년시절을 추억하고 싶기도 했고 또 한편으로는 일을 제대로 바로잡고 싶어서이다.

카리스마 넘치는 모세의 모습과 모세가 하느님과 만나는 장면을 가장 인상적으로 표현해낸 사람은 세실 B. 드 밀 감독일 것이다. 이 감독의 기념비적인 작품 〈십계〉에서 찰톤 헤스톤이 유대인들의 지도자 역을 맡았다. 상영 시간이 총 세 시간 사십 분에 달하는 이 영화는 1956년에 처음으로 상영된 이후 수백만 명이 관람했다. 찰톤 헤스톤만큼 모세 역에 어울리는 사람은 다시없을 것 같다. 하지만 영화적인 기교면에서 볼 때 나는 〈세상의 미친 역사〉에서 모세 역을 맡았던 멜 부룩스를 개인적으로 더 좋아한다. 다음 장면에서 우리는 웃음을 참을 수 없게 된다. 모세는 '십오계명'이 적힌 석판 석 장을 들고 시나이 산에서 내려오다가 그만 넘어지고 만다. 그 바람에 다섯 개의 계명이 적힌 석판 하나가 떨어져 산산조각이 나고 만다. 모세는 잠시 당황하다가 나머지 복음만을 전하기로 결심한다. 그래서 '십오계명'은 '십계명'이 되고 만 것이다.

오늘날 우리는 십계명을 대개 피상적으로 다루고 있지만, 문제는 이 십계명이 수세기에 걸쳐 우리 인류의 중요한 부분을 차지해왔고, 우리는 이 십계명에 입각해 우리 문명의 반 이상을 발전시켜왔다는 사실이다. 십계명은 우리가 알고 있는 모든 문화에서 여러 가지 상이한 방식으로 적용되어왔다. 하지만 모세가 수천 년 전에 사막 한 가운데서 받은 이 율법은 우리가 지켜야 할 의무와 따라야 할 원칙을 집대성한 것으로, 이 율법을 일 점 일 획이라도 어기는 사람은 하느님으로부터 무시무시한 형벌을 받게 된다. 사실 오늘날에는 성문법(成文法) 내지 불문법(不文法)이 너무 많아 상당수의 십계명이 이제 그 효력을 잃어버리고 말았다. 가련한 죄인일 수밖에 없는 우리 인간은 오늘날 하느님께서 직접 명하신 계명 이외에도 관료들이나 국회의원들이 제정한 수많은 법률에 따른 의무를 지켜야 할 뿐만 아니라 심지어 유행처럼 한때 나타났다가 사라지는 명령에도 따라야 한다. 오늘날의 법률도 하느님께서 명하신 율법과 비교해 그리 만만치만은 않다. '세금이 아무리 올라도 세금을 납부해야 한다. 돈이 어느 곳으로 흘러 들어가는지 알려고 하지 말라.' '사회봉사를 한다고 불평하지 말라. 불평한다고 해서 달라지는 것은 전혀 없다.' '실업자가 됐을 때 어떻게 대처해나갈지 연구하고 힘을 길러야 한다.' 이렇게 우리를 몰아세우는 원리 원칙은 끝이 없다. 겨우 꿈속에서나 그런 멍에에서 벗어날 수 있을 뿐이다.

이런 점에서 볼 때 수세기 동안 변한 것이 거의 없다. 이집트에서 탈출한 유대인들은 십계명이 강요하는 명령에서 어떻게 하면 벗어날 수 있을까 그런 것만을 생각해왔다. 이에 모세는 분노했다. 모세는 자신의 주인이신 하느님과 하느님의 율법을 지켜내기 위해 안간힘을 썼다.

역사학자들이나 정통적인 복음주의자들은 이 문제를 분석할 때 우선 논쟁이 될만한 점을 부각시킨다. 객관적인 역사적 사건과 구약성경 텍스트를 비교 연구한 학자들은 먼저 모세 자신이 하느님의 율법을 계시했는가 하는 점에 의문을 제기한다. 모세가 죽은 지 백오십여 년이 지난 뒤에 작성된 성경을 어떻게 모세가 썼다고 할 수 있느냐는 것이다. 이 경우 역사적 진실은 전통적으로 내려오는 유전에 밀릴 수도 있다. 한 민족의 법을 집대성한 인물에게 그와 같은 공을 돌린다는 것은 정당하다는 것이다. 따라서 하느님으로부터 율법을 받아드는 모세의 이미지는 당시의 위대한 입법자였던 모세의 모습과 딱 맞아떨어질 수 있는 것이다.

모세라는 인간의 실존에 대해, 출애굽 사건과 같은 성경 상의 사건에 대해 의문을 제기하는 진지한 연구서들은 많이 나와 있다. 우리가 지금까지 알고 있는 예수라는 인물이 존재하지 않았다고 주장하는 연구서도 있다. 예수라는 이름을 가진 여러 사람의 이야기-예수라는 이름은 그 당시에 가장 많은 사람들이 사용했던 이름이었다-가 유대 민족의 이해를 돕기 위해 마치 한 사람의 이야기인양 종합되었다는 것이다. 조금 역설적으로 보이긴 하겠지만 이 경우에 있어서 역사적 진실은 그리 중요하지 않다. 가상적인 종교적 진실이 우리 인류를 위해 살짝 변형된 것이기 때문이다. 중요한 점은 사람들이 자신들이 사는 사회의 질서 유지를 위해 왈가왈부 의심의 여지가 없는 절대자, 즉 하느님의 도움을 필요로 했다는 것이다. 결국, 한 사회에서 어느 정도 권력을 휘두르는 사람들이 그 권력 유지를 위해 전략전술을 상당히 성공적으로 구사한 것이었다. 하느님을 반대하는 자는 벌을 받아야 한다.

많은 세월이 흘렀다. 많은 사람들이 자기들 마음대로 세상을 재해석하고 수정하고 변형시켰다. 사람들은 하느님까지도 가만 내버려두지 않았다. 그래서 우리는 십계명이 아니라 십이계명을 가지게 되었다. 하나의 계명이 두 개로 나누어지기도 했고, 또 재해석되기도 했다. 하지만 우리는 이 자리에서 십계명만을 살펴볼 것이다. 우리가 살펴볼 십계명은 다음과 같다.

1. 너희는 내 앞에서 다른 신을 모시지 못한다
2. 너희는 너희 하느님의 이름 야훼를 함부로 부르지 못한다
3. 안식일을 기억하여 거룩하게 지켜라
4. 너희는 부모를 공경하여라
5. 살인하지 못한다
6. 간음하지 못한다
7. 도둑질하지 못한다
8. 이웃에게 불리한 거짓 증언을 못한다
9. 네 이웃의 아내를 탐내지 못한다
10. 네 이웃의 소유를 탐내지 못한다

이 세상의 모든 신들 가운데 그 능력에 있어서나 그 인격에 있어서 이스라엘 민족의 신 야훼에 버금가는 신은 별로 없다. 야훼는 처음에는 유목민들이 소박하게 경배하는 신이었다. 유목민들의 유일한 걱정거리는 가축 떼를 칠 수 있는 목초와 물을 찾는 것이었다. 족장 아브라함은 가축을 치는 일 외에는 하느님의 도움을 별로 필요로 하지 않았다. 그래서 '만왕의 왕'이자 '만주의 주'인 하느님도 신경 쓸 일이 그리 많지 않았다. 가축과 사람들의 평화와 안정을 위해서는 먹을 것을 찾아 길을 떠나기 전후에 짐승 새끼를 하나 바치는 것으로 충분했다.

아브라함과 그의 식솔이 가나안 땅에 도착할 때까지는 일이 그렇게 진행되었다. 가나안 땅 사람들은 '엘'이라고 부르는 신을 섬기고 있었다. 엘은 가나안 사람들에게 두려움의 대상이었다. 엘은 하늘과 땅을 창조한 신이었지만 '만주의 주'라고는 불릴 수 없는 신이었다. 아브라함은 그 신을 섬기지 않았다. 농경민이었던 가나안 사람들과 달리 아브라함은 유목민이었기 때문에 땅과 관련된 신은 두려움의 대상이 아니었던 것이다.

이제 인간의 손에 의해 새로운 신이 탄생되었다. 고대 유대인들이 한 곳에 정착하게 되면서 원래 소박했던 신에게 더 많은 권능이 부여되었던 것이다. 이제 신은 일상생활과 밀접한 관계를 맺는 신으로 변했다. 하지만 그때까지도 신은 인간의 상상력을 뛰어넘는 곳에 존재했다. 신은 만물의 창조자였고 만물의 지배자였다. 이 세상의 절대적인 지배자였던 것이다. 우리가 믿는 모든 종교는 세월이 흐름에 따라 변하게 마련이다. 유대인들은 이집트로부터 탈출한 이후로 자신들의 신을 야훼라고 부르기 시작했다. 야훼는 유목민들의 소박한 신과 가나안 사람들의 엄격한 신 사이에 낀 어중간한 존재로 만족할 수 없었다. 야훼 본인도, 야훼의 말씀을 가르치는 교사들—경배자들—도 과거와 현재만으로는 만족할 수 없었다. 그 순간 역사에 중요한 사건이 벌어진다. 모세가 십계명을 받은 것이다. 히브리인과 히브리인의 신이 함께 미래에 대해 생각하기 시작한 것이다. 신이 한 민족에게 서로 연합해 함께 일을 도모해 나가자고 제안한 것이다. 한 마디로 서로 협조하기로 약속한 것이다. 합의가 이루어졌다. 인간은 한 마디 불평 없이 신의 명령에 복종해야 했다. 명령을 거역할 경우 질투하는 신, 엄격한 신이 그들에게 천벌을 내릴 것이었다. 그래서 율법의 시대, 법률의 시대가 시작되었다. 그때부터 해야 할 일과 하지 말아야할 일이 명백하게 구분되었다.

자유는 자동적으로 제한되었다. 지도자들은 추종자들에게 사회생활의 경계선을 알려주었다. 그리고 야훼가 손수 문서로 정한 경계선을 침범할 경우 어떤 결과가 따를지 알려주었다. 간단히 말해 사람들은 오늘날 우리가 조건부 자유라고 부르는 상황에 직면하게 되었던 것이다. 하지만 당시로서는 대단한 진보였다. 거대한 무리를 인도하기 위한 최선의 선택이었다. 이제 사람들은 신과 직접 연결되었으며, 함께 지켜나가야 할 공통의 목표를 가지게 되었던 것이다.

그리고 수천 년이 흘렀다. 새로운 신, 새로운 종교, 새로운 관습 등이 속속 나타났다. 그동안 세상은 몰라보게 변했다. 그러나 집단무의식 속에 각인된 십계명의 존재를, 그 십계명의 효력을 의심하는 사람은 아무도 없다. 모세가 시나이 산자락에서 낭독했던 그 메시지, 불붙은 떨기나무에서 울려 퍼진 그 메시지―야훼는 그런 식으로 나타나기를 좋아한다―는 나로 하여금 일 년 동안 텔레비전 프로그램에 매달리게 했다. 바로 십계명이 현대인에게 어떤 영향을 미치고 있는지를 설명하는 프로그램이었다. 독자 여러분 손에 들린 이 책은 그 작업의 결과물이다. 나는 모세와 모세의 주인―야훼―의 도움을 받아 이 작업을 충실하게 끝낼 수 있었다.

너희는 내 앞에서 다른 신을 모시지 못한다

01

철학자가 주님과 대화를 나누다

주님은 이렇게 명령하셨습니다. 다른 것은 다 제쳐두고 오로지 주님만을 사랑해야 한다고 말입니다. 글쎄요. 뭐 하나 여쭈어보겠습니다. 우리의 사랑이 그렇게도 필요하십니까? 좀 엄살을 떠시는 것은 아닙니까? 무슨 걱정거리라도 있습니까? 뭔가 좀 불안하십니까? 예……, 예……. 알겠습니다. 질투가 심하시군요. 그래서 경쟁자를 결코 용납하실 수 없다는 거로군요. 하지만 이건 아셔야 합니다. 오로지 주님만 그렇게 유별난 분은 아니라는 사실을 말입니다. 다른 신들도 주님과 마찬가집니다. 이런 점에서 볼 때 주님도 다른 신들과 다를 바가 전혀 없습니다. 배타적이고 소유욕이 강한 거지요. 신들은 하나같이 자기만을 사랑해야 한다고 요구하고 있습니다. 주님도 자신감이 없으신 모양입니다. 그래서 주님이 이 우주를, 이 세상을 지배한다고 우리가 믿도록 강요하실 수밖에 없는 것 같습니다. 잠깐만……. 하긴 우리가 당면한 문제는 이런 것이 아닙니다. 주님의 대리인이라는 자들이 진짜 문제지요, 일반적으로 주님이 우리 인간을 직접 인도하시지는 않으니까요. 주님의 이름으로 지껄이는 자들, 이런 자들이 진짜 골칫덩어리입니다. 이 자들은 항상 주님의 이름을 들먹이며 자신들과 동등한 수준에서 일을 해야 한다고 강요하고 있습니다.

우리는 지금 십계명 중에서 첫 번째 계명을 마주하고 있습니다. 주님의 율법에 의하면 일 점 일 획도 변경할 수 없는 명령입니다. 너희는 내 앞에서 다른 신을 모시지 못한다. 그걸로 끝입니다.

하지만 우리는 지금 21세기를 살고 있습니다. 주님의 율법에 이러니저러니 토를 달면서……. 벌써부터 인상을 쓰시는군요. 건강에 해로우니 그러지 마십시오. 우리는 주님께 따질 게 많습니다……. 시대가 변하긴 많이 변했나 봅니다.

첫 번째 계명은 모든 계명 중에서 종교성이 가장 강한 계명이다. 다른 계명들이 사회생활이나 단체 생활과 관련된 문제를 제기하는 것이라면, 첫 번째 계명은 신이 우리 인간에게 직접 강요하는 문제를 제기하기 때문이다.

익명의 예언자는 야훼로 하여금 이렇게 말하도록 강요한다. "나는 처음이요 마지막이다. 나 외에는 어떤 신도 존재하지 않는다." "나 이전에도 신이 없었고, 나 이후에도 없다." "나는 야훼다. 나 이외에는 어떤 신도 존재하지 않는다." "다른 신들은 모두 아무것도 아니다. 그들은 아무 일도 하지 못한다. 그들은 실속 없는 우상일 뿐이다." 이러한 정의를 놓고 볼 때 우리는 적어도 다음과 같은 사실을 부정할 수 없다. 야훼는 자존심이 강한 존재이며 신으로서의 자격을 갖춘 존재이다.

솔직히 고백하자면 나는 믿는 사람이 아니기 때문에 야훼를 쉽게 사랑할 수 없다. 설사 내가 믿는 사람이라고 해도 죽음을 초월한 영원무궁한 존재와 우리의 관계를 설명하는 일은 그리 녹록치 않을 것이다. 나는 개인적으로 사랑이라는 것을 결점과 약점에도 불구하고 영생을 갈구하는 어떤 존재의 거의 절망적인 욕망으로 이해한다. 그래서 나는 오로지 유한한 존재만을 사랑할 수 있다.

나는 영원한 것을 존경하고 그 앞에서 무릎을 꿇는다. 하지만 나는 그것을 사랑할 수는 없다. 한편, 다른 사람들은 쉽게 이해하는데 유독 나만은 '신'이라는 신비스러운 단어의 뜻을 어떻게 이해해야할지 잘 모르겠다.

여기 한 권의 책이 있다. 움베르토 에코와 카를로 마리아 마르티니 추기경이 이 문제에 대해 벌인 토론을 엮은 책이다. 책 제목은 『믿음이 없는 사람들은 무엇을 믿는가』[2]이다. 우리처럼 믿음이 없는 사람들은 우리가 믿는 것에 대해 쉽게 설명할 수 있다. 하지만 참으로 이상하게도 믿음이 있는 사람들이 무엇을 믿는지 나로서는 도저히 감을 잡을 수 없다. 사실이다. 나는 믿음이 있는 사람들과 여러 번 대화를 나누어보았지만 그 사람들이 무엇을 믿는지 단 한 번도 제대로 이해할 수 없었다.

우리처럼 믿음이 없는 사람들도 무언가 믿는 것이 있다. 우리는 삶의 가치, 자유의 가치, 존엄성의 가치 등을 믿고 있다. 사람들의 행복은 그 사람들의 손에 달려 있는 것이지 다른 어떤 존재에 달려 있는 것이 아니라는 사실을 우리는 믿는다. 우리 인간은 비극적인 고독한 상황에 처하더라도 스스로 정신을 바짝 차리고 과감하게 그 상황에 대처해야 한다. 그러한 불안정한 상황이 우리에게 자유와 창조의 길을 열어주기 때문이다. 신이 보낸 사자들과 집행관들은 비판적이고 지성적인 의식의 가장 낮은 부분을 구체적으로 드러내 보일 뿐이다. 그들은 광신 혹은 위선을 조장하며, 육체를 거부하게 만들고, 그 뿌리부터 계급적인 권력을 찬양하게 만든다.

추상적인 신의 출현! 그야말로 대변혁이었다! 그리스도가 탄생하기 이천여 년 전에 신들은 동물이거나 나무거나 강이거나 돌이거나 바다였다. 신들은 구체적인 몸을 입고 있었고 그래서 눈으로 확인할 수 있었다. 정확하게 말하자면 신들은 눈으로 볼 수 있는 자연 현상이었다. 그런데 순수 영혼으로 이루어진 추상적인 신이 나타나게 되었고, 이로써 대혁신이 빚어지게 되었다.

로마인들은 각각의 민족의 신들이 서로의 존재를 용납한다고 믿었기 때문에 각 민족 고유의 신의 존재를 인정했다. 바로 이런 이유 때문에 역설적인 현상이 벌어졌다. 로마인들은 초기 그리스도인들을 무신론자라고 비난했다. 논리적으로 볼 때 로마인들의 생각은 당연한 것이었다. 로마인들은 그리스도인들이 구체적인 형상으로 존재하는 모든 신들을 거부하는 것으로 보았던 것이다. 로마인들은 그리스도인들을 이해할 수 없었기 때문에 그리스도인들이 새로운 분파를 조장한다고 생각했다. 신들의 종류는 다양하기 그지없었다. 동방 사람들이 섬기는 신, 서방 사람들이 섬기는 신, 동물 형상을 한 신, 식물 형상을 한 신 등등. 하지만 그리스도인들은 너무나 달랐다. 그리스도인들은 그 모두를 거부했던 것이다. 그리스도인들은 황제를 신으로 섬기지도 않았고, 각각의 도시에서 섬기는 구체적인 수호신들도 외면했다. 이런 이유 때문에 존재를 찾아볼 수 없는 신, 그야말로 무(無)라고 할 수 있는 신을 섬기는 그리스도인들은 오히려 로마의 이교도들에 의해 무신론자라고 비난받았던 것이다.

그리스도인들에게는 유대의 전통이 있었다. 유일신 사상이 바로 그것이다. 그들은 유일하고, 배타적이며, 무한하고, 추상적이며, 눈에 보이지 않는 신이 존재한다고 믿었다. 이런 생각은 그리스도인들에게는 지극히 당연한 것이었지만, 그 나머지 사람들은 위험하고 혁명적인 생각으로 간주했다.

이러한 종교적 개념은 인류의 정신 발달 과정에 있어서 일종의 퇴보였을까, 아니면 일종의 진보였을까? 우리는 어떤 면에 있어서 그 개념을 긍정적으로 평가할 수도 있을 것이다. 좀 더 넓은 보편성을 향해, 좀 더 넓은 추상적인 개념을 향해 나아갔다고 볼 수 있기 때문이다. 이제 신이 일종의 사물, 일종의 우상에서 벗어나 하나의 개념으로, 하나의 사상으로 변한 것이다. 이전의 신들은 항상 구체적인 실체와 연관되어 있었다. 자연, 도시, 삶과 같은 것들과 말이다. 그러나 이제 자연과 상관없는 신이 나타나게 된 것이다. 그 신은 자연을 초월한 존재였을 뿐만 자연을 지배하는 존재였다. 새로 등장한 신은 굳이 도시에서만 살려고 하지도 않았다. 그 신은 무소부재(無所不在)의 존재였고 아무 곳에도 존재하지 않을 수 있는 존재였다. 그 신은 사막에도 존재할 수 있었고 불타는 떨기나무에도 존재할 수 있었다. 그렇다면 다른 사람들은 이러한 신을 어떻게 생각했을까? 일종의 진보라고 생각했을까? 아니면 좀 더 원시적이고 미숙한 상태로의 퇴행으로 생각했을까? 물론 이 신은 보편성을 획득했으며 우리 정신세계의 폭을 더 넓혀주었다. 하지만 우리가 이 신을 선택함으로 해서 잃은 것도 있다. 인간과 자연과의 관계, 인간과 이 세상과의 관계가 끊어진 것이다. 이제 신은 우리의 일상생활과 무관한 존재가 되어버린 것이다.

예를 하나 들어보겠다. 작가이며 철학자인 마르코스 아기니스[3]는 이렇게 말한다. "유일신 사상은 우리 인류의 경이적인 진보라고 할 수 있다. 우리 인류는 유일신 사상에 힘입어 그때까지 존재하지 않았던 추상적인 차원으로 나아갈 수 있었다. 그것은 구체적인 사고에서 추상적인 사고로의 전환이었다. 어떤 형상으로도 대변할 수 없는 유일무이한 존재가 탄생한 것이다. 하지만 유일한 존재는 동시에 위험한 존재이기도 하다. 유일신은 질투가 심해 경쟁자를 용납하지 못한다. 따라서 유일신 사상은 서로 모순 되는 두 가지를 의미한다. 하나는 긍정적인 것으로 정신적인 진보를 의미하며, 다른 하나는 부정적인 것으로 편협성의 발달을 의미한다."

지그문트 프로이드도 생애 말년에 유일신 사상으로 고민했다. 정신분석학의 아버지는 유럽 대륙을 석권한 나치스를 피해 1938년에 영국으로 건너가 자리를 잡았다. 프로이드는 영국에서 자신의 이론을 완성했다. 프로이드의 이론에 의하면 모세는 유대인이 아니라 이집트인이라고 한다. 프로이드는 모세가 귀족 가문에 속한 인물이라고 주장했다. 모세는 당시-기원 전

1,400년경–의 이스라엘 민족에게 이크나톤 왕이 섬기던 종교를 퍼뜨렸다. 이크나톤은 이집트의 창조주로 여겨지는 파라오로 우리가 알고 있는 최초의 유일신 종교를 정착시킨 인물이다. 모세가 퍼뜨린 종교는 태양신 아톤을 숭배하는 종교였다. 그러나 이 종교는 고대에 다신교를 주장했던 사제들의 반란에 의해 탄압 받았다. 그들은 전통적으로 최고의 신으로 여겨온 아몬을 섬겼던 것이다. 따라서, 프로이드의 이론에 따르자면, 야훼는 아톤이 유대인의 신으로 자리 잡으면서 새로 부여받은 이름에 지나지 않는다.

성경 내용을 처음부터 끝까지 곧이곧대로 믿는 사람들은 좀 언짢아하겠지만 이스라엘인들이 항상 유일신을 믿었던 것은 아니다. 신학자 아리엘 알바레스 발데스[4]는 다음과 같이 주장한다. 실제로 이스라엘 민족은 다신교 신앙을 믿고 있었다. 이스라엘 민족은 수많은 신들이 존재한다고 믿었지만 오로지 하나의 신만 숭배했다.

그러나 치명적인 사건이 유대 민족을 덮친 이후로 모든 것이 변했다. 전설상의 인물 느브갓네살 왕이 기원전 437년에 바빌론 군대를 이끌고 유대 민족을 공격했던 것이다.[5] 느브갓네살 왕은 유대 민족을 죽이고 예루살렘을 정복한 것으로도 모자라 살아남은 자들을 노예로 삼기 위해 바빌론으로 끌고 갔다. 유대 민족은 정복자들의 호화찬란하고 사치스러운 수도의 모습에 정신을 차릴 수 없었다. 유대 민족은 스스로에게 질문을 던졌다. 어떻게 이럴 수가 있단 말이냐, 우리는 야훼의 보살핌을 받고 있다고 생각했는데 이런 수준의 삶은 전혀 누려보지 못하지 않았는가.

그렇지만 사로잡혀온 포로들은 자신들의 신을 부정하지 않았다. 그들은 그 모든 일을 자신들의 신의 뜻으로 해석했다. 자신들의 신 이외에는 어떠한 신도 존재할 수 없었다. 따라서 바빌론 사람들의 신도 존재하지 않았다. 야훼는 만물의 창조주였다. 바빌론의 아름다움과 힘을 창조한 신도 바로 야훼였다. 그래서 이제 강제로 추방당한 사람들의 서글픔은 자긍심으로 변했다. 유대 민족은 자긍심을 가지고 살아 있는 진정한 유일신을 섬겼다.

이스라엘 민족이 바빌론으로 사로잡혀가기 전부터 유일신만 믿은 것은 아니었다는 증거는 첫 번째 계명을 글자 그대로 해석해보면 쉽게 드러난다. "너희는 내 앞에서 다른 신을 모시지 못한다." 이 계명은 바로 이스라엘 민족이 다른 신의 존재를 인정했음을 의미한다. 비록 그들은 오로지 야훼만을 섬기기는 했지만 말이다.

십계명을 연구한 루이스 데 세바스티안[6]은 이렇게 말한다. "첫 번째 계명은 사랑에 대한 계명이다. 우선, 이 사랑은 부정적인 사랑이다. 다른 것은 다 제쳐두고 자기 자신만은 사랑할 수 없기 때문이다. 또한 이 사랑은 긍정적인 사랑이기도 하다. 우리는 다른 사람을 사랑해야 하기 때문이다. 우리는 우리가 어떤 식으로든 만나게 되는 모든 사람을 사랑해야 한다. 우리는 우리 가족으로부터 시작해서 우리와 밀접하고 또 우리가 책임져야할 모든 사람을 사랑해야 한다. 그 당사자 자체, 그 사람의 인격, 그의 가족, 그의 이웃들, 그의 친구들, 그의 동료들을 사랑해야 한다. 진정한 사랑은 이렇게 점점 폭을 넓혀간다. 우리는 삶이 우리를 이끄는 대로 독수리 날갯짓 치듯 날아다니며 모든 사람을 사랑해야 한다.”

데 세바스티안의 말에 따르면, 첫 번째 계명은 “상호간의 편리, 상호간의 이익을 위한 협약이라고 할 수 있다. 이 협약의 기초는 민주주의이다. 우리가 도시에 살면서 법을 존중해가며 상호간에 도움을 주는 것과 같은 이치다.”

그러나 현실은 이렇다. 사람들은 경우에 따라 다른 판단을 내리게 된다. 무언가 혹은 누군가에 대한 사랑에는 항상 그 반대급부가 따르기 마련이다. 우리는 우리와 같지 않은 사람이나 사랑을 느끼지 못하는 사람을 냉정하게 대하거나 미워할 수도 있는 것이다.

그렇다면 무한한 어떤 것, 도저히 손에 넣지 못할 것에 대한 사랑은 배타적인 사랑인가? 아니면 그렇지 않은가? 어떠한 신도 섬기지 않는 사람들을 사랑할 수 있는가? 중세에는 ‘오디움 테올로지쿰(odium teologicum)’, 즉 신학자들 사이에 만연했던 증오의 감정을 나타내는 멋진 표현이 하나 있었다. 신학자들은 무한성에 사로잡혀 다른 사람들을 사랑으로 포용하는 대신 종종 물리친 경우가 있었다. 이것이 바로 오로지 유일한 신만을 사랑해야 하는 사람들에게서 찾아볼 수 있는 패러독스인 것이다.

캘커타의 테레사 수녀

유일하고, 무한하고, 절대적인 신을 사랑하는 사람이 다른 종교와 다른 신들을 사랑하거나 혹은 받아들일 수 있단 말인가? 종교가 없거나 신을 전혀 사랑하지 않는 사람을 사랑으로 감쌀 수 있을까?

호르헤 루이스 보르헤스는 아우렐리아노와 후안 데 파노미아에 얽힌 이야기로 아름다운 단편 소설을 하나 썼다. 두 사람은 모두 신학자로 평생 동안 서로를 박해하고 비난했다. 마침내 두 사람이 죽자 신은 그들에게 실상을 보여주었다. 신이 보기에 두 사람은 한 사람, 하나의 존재였던 것이다. 이 마지막 교훈으로 어느 정도 이해할 수 있을 것이다. 서로 잘났다고 우기는 신학자들도, 서로를 배척하고 박해하는 종교들도 저 높은 곳에서 내려다보면 다 똑같은 것이다. 모두가 진실일 수도 있고 모두가 거짓일 수도 있다.

알다시피 종교는 적대감과 박해와 편협성과 전쟁과 범죄의 원천이다. 지상에 거주하는 소위 신의 대리인이라는 자들, 다시 말해 인간들은 수세기를 거쳐 서로서로 꼬투리를 잡고 정당한 혹은 부당한 이유를 들이대며 상대방의 신을 비방하며 우격다짐을 벌여왔다.

종교가 선한 행실과 용감한 행동을 선도해왔다고도 말할 수 있다. 그렇다면 여러 종교들이 서로를 용납하지 못하는 이유는 과연 무엇이란 말인가? 종교가 있는 사람들은 하나같이 다른 사람들을 끌어들이기 위해 달콤한 말을 늘어놓는다. 그러나 그들의 말과 행동이 일치하는 경우는 극히 드물다. 가톨릭의 경우를 살펴보면 그런 점을 분명히 알 수 있다. 종교는 힘이 약해질 때, 즉 지상에서의 권력을 상실했을 때 관용적으로 변한다. 하지만 정치권과 경제계를 휘어잡아 자신들의 임무를 수행할 세속적인 능력을 충분히 갖추었을 때에는 좀처럼 관용적인 면을 보여주지 않는다. 관용의 정신은 특정 종교를 이끌어나가는 사람들에게 힘이 없을 때 나타나는 것이지 그들에게 힘이 있을 때에는 나타나지 않는다. 거의 모든 종교에서 볼 수 있는 현상이다.

십자군전쟁이 그런 점을 가장 분명하게 보여주는 예가 될 것이다. 11세기 말에 베네치아와 제노바와 피사는 동방과의 교역을 독점하려고 했다. 문제는 터키인들이었다. 터키인들은 성지로 향하는 해로와 육로를 차지하고 있었고, 특히 중요한 상업 중심지로 가는 길목을 가로막고 있었다. 여기서 상업적 이익과 교황 우르바누스 2세의 정치적 야망이 결합하게 되었다. 우르바누스 2세의 목적은 1054년에 분리 독립한 콘스탄티노플을 점령해 범기독교 세계를 하나로 통일시키는 것이었다. 우르바누스는 또한 게르만족 출신 황제들과도 관계가 좋지 않았다. 게르만족 출신 황제들이 종교 분야에서도 간섭을 해왔던 것이다. 교황은 자신의 야심을 감추고 그럴듯한 구실을 내걸어 유럽 기독교인들의 가슴에 불을 지폈다. 교황은 동방의 성지를 회복하고 그곳에 사는 그리스도인들을 보호한다는 구실로 제1차 십자군을 결성했다. 수천 명의 십자군이 성지를 향해 출발해 종교가 다른 수천 명과 맞서 싸워 서로를 죽이고 죽었다. 십자군의 구호는 "주님이 원하신다(Deus lo volt)"였다.

오늘날 종교는 지상에서의 권력을 점점 잃어가고 있다−적어도 나는 그렇게 되기를 희망한다. 그리고 종교가 권력을 잃어감에 따라 세상은 점점 더 살기 좋은 곳으로 변하리라 믿어 의심치 않는다. 여러 종교들이 무력이나 박해를 이용해 서로를 배척함으로 해서 발생한 긴장감도 사라지게 될 것이다. 우리는 지금 송교보다는 교회에 대해 이야기를 하고 있다. 신은 절대로 인간과 직접 대화를 나누지 않는다. 직접 대화를 나누는 경우가 있다 하더라도 적어도 대중과 동시에 대화를 나누지는 않는다. 항상 중개인이 있게 마련이다. 우리는 절대로 신과 직접 대면할 수 없다. 우리가 직접 대면하는 존재는 신부, 주교, 승려, 랍비 등등이다. 다시 말해 다른 사람과 다를 바 없는 보통 사람인 것이다. 하지만 그 사람들은 신의 이름으로 이야기한다. 종교전쟁을 분석하다보면 이런 의구심이 들 것이다. 인간들 사이에 만연한 증오심을 정당화하기 위해, 정복과 약탈에 대한 욕구를 자극하기 위해 신을 일종의 알리바이로 이용한 것은 아닐까.

개인의 자유, 십계명을 어떻게 이해할 것인가

분석을 진행시켜 나가다보니 다음과 같은 사실이 분명해졌다. 십계명은 유행이 지난 고리타분한 부담일 뿐이다, 논리를 벗어난 계명도 있다. 하지만 그와 동시에 십계명은 오늘날의 법률과 마찬가지로 사회적 협약의 산물이다. 십계명은 오랜 세월 동안 존경받아왔으며 두려움의 대상이었다. 하지만 문제는 십계명이 중력의 법칙처럼 불변의 원칙이 아니라는 사실이다. 십계명은 어느 신비스러운 신의 의지에 따라 탄생한 것도 아니다. 십계명은 인간에 의해 발명된 것이고, 고대인들의 사고에 적합한 것이었다. 그러나 오늘날 우리는 십계명을 곧이곧대로 받아들일 수 없다. 따라서 십계명은 우리 현대인들의 새로운 합의를 거쳐 수정되거나 폐지될 수도 있다. 그렇다고 너무 앞서 나갈 필요도 없다. 원래의 십계명은 가톨릭에 의해 수정되었다. 그렇다고 해서 단순한 변덕에 따라 혹은 사리분별 없이 십계명을 고칠 수 있다는 얘기는 아니다.

여러 가지 다양한 문화가 혼재한 사회에서 살아나가려면 다른 사람들의 종교나 신앙에 대한 권리를 인정해야 한다. 살다 보면 우리 입맛에 맞지 않는 것이 있을 수 있고, 우리는 그런 것들을 견뎌내야 하는 것이다. 내게 이런 말을 하는 사람들이 있다고 치자. "당신은 내 신념에 상처를 입혔소." 나는 이렇게 대답할 것이다. "죄송합니다만 선생, 선생은 선생의 신념을 몸의 일부분으로까지 확장해서 생각해서는 안 됩니다."

말을 함부로 하는 사람들은 어디에나 있기 마련이다. "모든 의견은 존중받을 가치가 있다"라고 떠드는 사람도 있다. 바보 같은 짓이다. 사람이 존중받는 것이지 신념이 존중받는 것은 아니기 때문이다. 모든 의견을 존중해서는 안 된다. 만일 모든 의견이 존중받아왔다면 인류는 한 발자국도 전진하지 못했을 것이다. 인간의 기본적인 권리를 유린하는 전체주의, 외국인 혐오주의, 인종차별주의, 배타주의 따위는 절대 존중할 수 없다. 다른 사람을 모욕하거나 공격하기 위해 어떤 사상을 위협하거나 비난하거나 비꼬아서는 안 된다. 그러나 위험한 사상이 대두될 때에는 그에 맞서 싸워야 한다.

세상에는 다양한 테러리스트 집단이 있다. 이런 테러리스트 집단이 내세우는 사상도 존중해야 한단 말인가? 배타적인 민족주의를 회복하겠다며 암살과 자폭테러를 일삼는 자들을 어찌 용납할 수 있단 말인가? 문화적 동질성을 핑계로 수백만 명의 어린아이들의 클리토리스(음핵)를 잘라버리는 행위를 어찌 두고 볼 수 있단 말인가?

이런 방법을 옹호하는 자들은 다른 종교와 다른 종교의 신도들 그리고 종교가 없는 사람들을 비난하는 사제들만큼이나 위험한 자들이다. 존경받을 수 없는 사람들이 존경받아서는 안 되는 것이다.

이 점과 관련해 존 스튜어트 밀은 이렇게 말했다. "자유라는 이름에 걸맞은 유일한 자유는 우리가 각자의 생활방식에 따라 우리 자신의 행복을 추구하는 자유이다. 우리는 타인들의 행복을 빼앗을 수 없으며 타인들이 행복을 찾는데 방해가 돼서도 안 된다. 육체적인 것이든 정신적인 것이든 영적인 것이든 우리 자신의 건강은 우리 자신이 각자 책임져야 한다. 우리 각자가 타인들의 생활방식을 따르지 않고 자기 자신의 생활방식에 따라 살아가게 되면 인류는 훨씬 더 발전할 수 있을 것이다."

첫 번째 계명에는 만일 그 계명을 지키지 않을 경우 징벌을 내리겠다는 위협이 함축되어 있다. 다른 아홉 개의 계명도 마찬가지다. 야훼는 선택받은 유대 민족을 보호하겠다고 약속했다. 그러나 거기에는 율법을 글자 그대로 준수해야 한다는 조건이 붙어 있었다. 하느님의 말씀은 분명하게 해석된다. "보라, 오늘 내가 네게 삶과 행복을 주었노라. 그러나 죽음과 불행도

네 앞에 있노라. 너희 하느님 야훼의 말에 귀를 기울이라. 그러면 네가 살겠고 많은 자식을 두리라. 그리고 너희 하느님 야훼가 네게 복을 내리리라. 그러나 너희가 내 말을 듣지 않는다면, 내 이르노니 너희가 정녕 죽으리라."

나는 이 대목을 읽고 이렇게 생각해 보았다. 어쩌면 징벌을 받는 것을 당연하게 생각하는 사람도 있을 수 있겠다. 그러나 먼저 분명히 해둘 것이 하나 있다. 자유로운 인간의 윤리는 어떤 권위에 의해 분배되는 징벌이나 상급과는 하등 관계가 없다. 그 권위가 인간적인 것이든 신적인 것이든 상관없이. 이 경우에 있어서는 어느 쪽이든 마찬가지일 테니까.

첫 번째 계명의 준수와 첫 번째 계명과 편협성에 대한 관계에 대해 랍비 이삭 사카[7]는 이렇게 주장한다. "우리는 '너희는 내 앞에서 다른 신을 모시지 못한다'는 계명의 표현 방식을 주의 깊게 살펴보아야 한다. 이 계명을 잘못 이해할 경우, 우리는 이 계명을 이용해 편협성을 드러내거나 믿음을 강요할 위험에 빠지게 된다."

유대교에 의하면 이 계명은 신과 인간 개개인과의 상호 관계를 규정한 것이다. 신은 인간에게 다른 인간을 설득시키도록 요구한 것이 아니다. 다만 그 당사자만 믿도록 요구한 것이다.

우리는 랍비 사카의 주석을 통해 다음과 같은 사실을 짐작할 수 있다. 첫 번째 계명은 불순한 사람들에 의해 부당하게 사용될 수도 있다. 즉 타인을 배척하기 위한 도구로 전락할 수도 있다는 말이다. 법률은 인간에 의해 발명되었고 또 수정되었다는 사실은 앞에서도 언급했다. 그리고 한 가지 법률은 여러 가지 뜻으로 해석될 수 있다. 그러나 야훼와 모세와 십계명에 대한 해석은 수를 헤아릴 수 없을 정도로 많다. 세상의 모든 이데올로기가 독자적인 해석을 내놓았다. 사회주의 역사학자 에밀리오 코르비에르[8]는 이렇게 주장한다. "구약성경은 극히 부정적인 내용을 담고 있다. 우리는 구약성경에서 무시무시한 신을 모습을 보게 된다. 그 신은 거의 사악하다고 할 정도로 인간을 박해한다. 야훼-여호와라는 독재적인 신의 모습은 너무나 생생하다. 그러나 구약성경은 해방의 역사이기도 하다. 한 민족의 독립운동을 기록한 책인 것이다. 다시 말해, 로마제국의 압제 하에 놓여 있던 한 민족의 해방을 위한 민중혁명과 같은 것이다. 따라서 구약성경은 범죄와 배반과 전쟁의 역사를 기록한 책이며, 어머니와 아들, 아버지와 딸 사이의 다소 생소한 관계를 묘사한 책이다. 구약성경은 또한 모세라는 전설상의 인물의 투쟁을 그린 책이기도 하다. 모세가 유대인이었는지 아니면 이집트의 혁명가였는지는 아무도 모른다."

우상과 우상숭배

성상(聖像)과 우상에 관한 문제는 가톨릭과 유대교의 차이를 극명하게 보여준다. 구약성경에 실린 첫 번째 계명의 세부 내용을 살펴보면 다음과 같다. "너희는 위로 하늘에 있는 것이나 아래로 땅 위에 있는 것이나, 땅 아래 물 속에 있는 어떤 것이든지 그 모양을 본떠 새긴 우상을 섬기지 못한다. 그 앞에 절하며 섬기지 못한다."

가톨릭은 이 세부내용을 생략해버렸다. 그러나 뉘앙스가 조금 다르긴 하지만 가톨릭도 유대교도 우상숭배에 대해서는 명백히 반대한다.

종교적인 성상과 관련된 문제에 있어 성경과 실제 역사는 서로 모순 되는 점을 보여주었다. 성경에서는 새긴 우상(성상)을 금지했지만 솔로몬이 예루살렘에 건축한 성전은 우상(성상)으로 가득 차 있었다. '야훼의 계약궤' 옆에는 올리브나무로 만든 거대한 케루빔 천사가 서 있었다. '거룩하게 하는 바다모형'은 청동으로 만든 황소 열두 마리가 받치고 있었다.

아리엘 알바레스 발데스 신부는 이렇게 말한다. "세정식을 위한 그릇들은 모두 사자, 황소, 케루빔 천사의 형상으로 뒤덮여 있었다. 모두 하느님 자신의 허락을 받은 것이었다. 그것이 다가 아니었다. 청동으로 만든 거대한 뱀도 있었다. 모세는 자기 민족을 이끌고 사막을 배회할 때 야훼의 명령에 따라 그 뱀을 만들었다. 야훼의 진노로 뱀에 물린 사람들은 모세가 만든 뱀을 쳐다보기만 해도 목숨을 건질 수 있었다. 그런데 그 뱀이 히즈키야 왕이 파괴할 때까지 이백 년 동안 성전에 전시되어 있었던 것이다."

이걸로 충분하지 않은가. 법률은 다양하게 해석되기도 하고 또 수정되기도 한다. 인간이 만든 법이든 하느님이 내린 법이든 상관없이. 그렇다고 법을 마구잡이로 적용할 수 있다는 얘기는 아니다. 다른 모든 것과 마찬가지로 법도 어느 정도 탄력적으로 적용될 수 있다는 얘기다.

니체와 니체를 뒤이은 수많은 사람들이 열심히 떠들었던 것처럼 신이 죽었는지 어쨌는지 나는 모른다. 그래도 지금 수많은 우상들이 호황을 누리고 있다는 사실은 부정하지 못하겠다. 우리는 지금 방송매체 등 여러 가지 이미지를 통해 엄청나게 다양한 우상들이 판을 치는 세상에서 살고 있다. 축구를 잘 해도 우상이 되고, 영화가 성공해도 우상이 되고, 노래를 잘 해도 우상이 되고, 돈이 많아도 우상이 되고, 출세를 해도 우상이 되고, 미인대회에 나가 상을 타도 우상이 되는 세상이다. 우리는 자그마한 휴대용 우상들을 달고 살기도 한다. 스필버그 감독이 만든 이티(E.T.)처럼 정이 가고 가슴에 사무치는 우상도 있고, 정답게 다가와 친근감을 나타내는 우상도 있다. 피로 희생을 치러야 하는 사나운 우상도 있다. 주로 부족 단위로 섬기는 우상이 이런 부류다. 동아리 전체가, 나라 전체가, 무리 전체가 한 가지 우상만을 섬기는 경우도 있다. 이런 우상들은 불행하게도 결국에 가서는 인간의 피를 제물로 요구하게 된다.

그렇지만 나는 우리 삶에 보탬이 되고 우리에게 즐거움을 안겨주는 정답고 친절한 우상도 존재한다고 믿는다. 우상숭배는 우리 인간의 타고난 기질이다. 인간이라면 우상숭배를 도저히 거부할 수 없다. 그러나 조심해야 한다. 우리는 신중하고 사려 깊은 우상숭배자가 되어야 한다. 우리는 우상숭배의 제단에 오르기 전에 신중에 신중을 기해야 한다. 피를 흘리지 않고는 제단을 내려올 수 없는 경우가 종종 발생하기 때문이다.

모세와 절대 진리

가만히 생각해보면 모세는 상당히 현실적인 사람이었던 것 같다. 모세는 자신이 살던 시대의 사회뿐만 아니라 그 이전의 사회에 대해서도 잘 알고 있었고 또한 미래의 사회에 대해서도 정확히 꿰뚫고 있었다. 모세는 이렇게 생각했을 것이다. 미래도 과거나 현재와 마찬가지일 것이다, 미래 사회에서도 결함과 남용과 범죄가 판을 치게 될 것이다. 그래서 모세는 이스라엘 민족의 지도자로서 자신이 몸담고 있는 공동체를 개선하기 위해 나름대로 최선을 다했다. 분명히 이랬을 것이다. 모세는, 자신의 선배나 후배와 마찬가지로, 정치적으로 형성된 인간관계가 더욱더 인간적인, 그러니까 조금은 덜 폭력적인, 더욱더 정의로운 관계가 되도록 투쟁했을 것이다. 하지만 모세는 너무나 현실적인 사람이었기 때문에 모든 것이 완벽해지리라고는 결코 기대하지 못했을 것이다.

자주 인용되는 성경 구절이 있다. "너희는 남에게서 바라지 않는 것을 남에게 강요하지 말라." 이 문장을 긍정적으로 표현하면 다음과 같이 될 것이다. "너희는 남에게서 바라는 대로 남에게 해 주어라." 조지 버나드 쇼는 이 두 개의 문장을 묶어 경구 하나를 만들어냈다. "너희는 남들이 너희에게 해주기를 바라는 바를 남들에게 해주지 마라. 남들은 너희와 취향이 다를 수도 있으니까." 여기서 우리는 아주 조심해야 한다. 우리는 우리 자신의 신념이든 신으로부터 받은 명령이든 우리가 유일하다고 믿는 진리를 남들에게 강요할 수도 있기 때문이다. 이건 아주 위험한 짓이다.

요즘은 유행처럼 누구나 '절대 진리'에 대해 이야기한다. 몇몇 사람들의 의견에 따르자면 '절대 진리'는 베를린 장벽의 붕괴와 동유럽 공산권의 몰락 이후에 성행하게 되었다고 한다. 나는 불관용의 문제가 이 '절대 진리' 때문에 생긴 것은 아니라고 생각한다. 나로서는 '절대 진리'라는 것을 결코 인정할 수 없기 때문이다. 세상에는 국제통화기금(IMF)을 지지하는 그룹도 있고 국제통화기금에 반대하여 '반(反)세계화'를 주장하는 그룹도 있다. 우리는 여러 가지 다양한 의견이 충돌하는 세상에 살고 있다. 따라서 '절대 진리' 운운하는 것은 옳지 않다. 이러한 거짓 근거를 토대로 여러 가지 이론이 개진되고 있다. 황당한 일이 아닐 수 없다. 사람들의 사고가 갈수록 단순해져 간다는 점은 분명하다. 단순함을 표방하는 개념들도 많다. 신자유주의적 단순주의도 있고 반(反)자본주의적 단순주의도 있다. 우리가 살고 있는 세상처럼 지극히 복잡한 세상에서는 '카페인이 없는 사상들'이 서로 경쟁을 펼친다. 문제는 우리가 사는 세상이 점점 하나로 통합되어가고 있고, 또 우리가 전 인류를 포괄할 수 있는 해결책을 찾고 있다는 것이다. 우리가 강구하는 해결책은 단순 명료해야 한다. 하지만 바로 이게 잘못이다. 우리는 이런 방식을 통해서는 결코 이 세상을 개선시킬 수 없다. 우리가 헤치고 나가야할 현실은 역사상 유래가 없을 정도로 복잡 미묘하기 때문이다.

이 땅에서 인간의 역사가 시작된 이래로 수많은 군대가 신이나 혹은 신앙의 이름으로 서로 싸워왔다. '만군(萬軍)의 주님'이라는 이름이 있을 정도다. 군대는 깃발을 높이 쳐들고 종군 신부와 함께 전진했다. 우리 역사 5,500년 동안 14,513건의 전쟁이 벌어졌고 그로 인해 1,240,000,000명이 목숨을 잃었다. 한숨 돌릴 수 있었던 평화 기간은 겨우 292년에 불과했다. 하지만 그 기간 동안에도 역사에 기록되지 않은 자잘한 전쟁들이 계속 벌어졌을 것이다. 여러분이 지금 이 순간 읽고 있는 이 통계 수치도 벌써 용도 폐기될 운명인지 모른다. 이 수치들은 바로 우리 인간들의 업적과 '은혜'에 힘입어 시간이 지남에 따라 점점 더 증가해 갈 것이다. 사실상 대부분의 전쟁은 서로 다른 신앙으로 인한 대립과 불관용 때문에 일어났다. 하지만 종교는 단지 그럴싸한 구실에 불과했던 것도 사실이다. 우리 인간은 영토문제와 경제문제로 인한 분쟁을 해결하기 위해 전쟁을 벌여왔던 것이다. 잘 알다시피 변한 것은 아무것도 없다.

오늘날 우리는 거실의 텔레비전 앞에 편안하게 앉아 건물들이 무너져 내리는 모습을 볼 수 있다. 사람들은 서방세계의 악한 무리를 징벌하는 신의 이름을 들먹인다. 그리고 케케묵은 소리가 미국에서부터 들려오기도 한다. "주님은 우리와 함께 계신다." 십자군 전쟁 시절에나 들을 수 있었던 말이다. 우리는 영토 문제를 해결하기 위해 신의 정의를 소리 높여 외치는 그런 시대를 살고 있는 것이다.

복음 전도: 개종이냐 죽음이냐

대부분의 종교는 자기 종교를 널리 전파하려는 경향이 있다. 자신들의 교리(가르침)를 절대 진리인 것처럼 널리 알리는 것이다. 기독교와 이슬람교는 가장 널리 퍼진 종교다. 그러나 잘 살펴보면 다른 종교들도 전도에 열심인 것을 알 수 있다.

역사를 되돌아보면 다음과 같은 사실을 분명히 알 수 있다. 종교인은 복음을 전파하고 강요할 의무가 있다. 복음을 전파하고 강요하기 위해 수많은 선한 목자와 하느님 말씀의 대언자들이 나섰으며 심지어 잔인한 군인들이 나서기도 했다. 이 군인들의 좌우명은 "종교는 피를 흘려야 전파된다"였다. 물론 설득을 통해 복음을 전파하는 일을 나쁘다고 볼 수는 없다. 그러나 "개종이냐 죽음이냐"하고 윽박지르고 나올 때는 문제가 달라진다.

볼테르는 『관용에 대하여』라는 책에서 모든 광신도들의 좌우명이 무엇인지 밝혀놓았다. "나와 같이 생각하라. 그렇지 않으면 죽을 것이다." 우리는 역사를 통해 수많은 예를 알고 있다. 선교사나 전도사나 복음 전파자들은 믿음이 없는 자들을 좋은 말로 설득시키지 못했을 경우에 개종이냐 죽음이냐하는 끔찍한 선택을 강요했다.

세계 도처로 퍼진 종교들이 전도와 개종에 더 열심이었던 것은 분명하다. 여러 종파로 갈린 기독교와 이슬람교를 그 대표적인 예로 들 수 있을 것이다. 스페인 정복자들은 피정복민에게 자신들의 종교를 강요했고 이를 거부하는 자들은 가차 없이 살해했다.

한 가지 분명히 해야 할 것이 있다. 어떤 신념을 무력으로 강요하는 것은 종교만의 특징이 아니라는 사실이다. 이데올로기를 전파하는 데에도 무력은 사용된다. 정치적 · 국가적 · 인종적 주의주장들도 무력을 사용한다. "너희는 우리와 같이 생각해야 한다. 그렇지 않을 경우 너희는 배제되거나 추방되거나 죽음을 당할 것이다. 우리는 우리의 신념을 공유하지 못하는 사람들과는 함께 살 수 없다."

1482년과 1492년 사이에 이런 일들이 벌어졌다. 가톨릭 여왕 이사벨에게는 세 명의 고해신부가 있었다. 그 중 한 사람이 종교재판관 토르케마다였다. 이 인물이 화형에 처한 사람은 무려 3,000명이나 된다. 감옥에 갇히거나 재산을 몰수당하거나 고문을 받은 사람은 그보다 몇 배나 많다. 여기서 우리는 광신적인 전도사와 마주치게 된다. 이 인물은 자신이 맡은 임무를 훌륭하게 완수했지만 자신이 살던 사회에 극악한 해를 끼친 인물로 전락하고 말았다.

아돌프 히틀러, 조셉 매카시, 프란시스코 프랑코, 조셉 스탈린, 아우구스토 피노체트, 호르헤 라파엘 비델라-대표적인 인물만 몇 명 추려보았다- 같은 인물들을 광신적인 전도사로 들 수 있을 것이다. 이들은 모두 자기네 파당을 살리기 위해 신념을 달리하는 사람들에게 강제로 자신들의 신념을 심어주려 했다.

하지만 이런 식의 전도는 종종 걸림돌을 만나게 된다. 여기 좋은 책이 한 권 있다. 『스페인에서의 성경』[9]이라는 책이다. 이 책은 18 · 19세기 스페인의 모습을 아주 신선한 그림으로 그려내며 조지 버로우라는 인물의 인생유전을 전한다. 조지 버로우는 영국인 선교사로 스페인 반도를 구석구석 찾아다니며 개신교에서 발행한 성경을 팔았다. 버로우가 안달루시아 지방에 도착했을 때였다. 버로우는 밭을 가는 농부를 만난다. 버로우는 성경을 들고 농부에게 다가가 이렇게 말한다. "안녕하십니까.

나는 개신교 신자입니다. 여기 성경을 가지고 왔습니다. 우리 하나님의 말씀에 대해 함께 생각해 봅시다." 그러자 농부는 이런 말로 버로우의 입을 막았다. "이것 보시오. 헛수고 마시오. 나는 진짜 종교인 가톨릭도 믿지 않는 사람이오. 그런 내가 어찌 그 거짓된 개신교를 믿을 수 있겠소."

수십만 명이나 되는 버로우와 같은 사람들이 이 지구상을 돌아다녔다. 그리고 그보다 훨씬 많은 수의 군대가 자신들의 진리를 무력으로 강요하기 위해 돌아다녔다. 하지만 우리는 지금 야훼나 모세가 꿈도 꾸지 못했던 상황에 직면해 있다. 바로 방송통신매체의 발달이다. 방송통신매체가 발달하면서 새로운 전쟁터가 나타나게 되었고, 이제 선교사들은 잠시도 쉴 짬이 없어지고 말았다. 중세 시절의 설교사들은 기껏해야 이삼천 명을 교회나 성당에 모아놓고 설교했다. 아테네의 의회에서는 일만 오천 내지 이만 명의 청중을 대상으로 연설하는 경우가 드물었다. 최근의 연구에 의하면, 예수는 사람들이 가장 많이 모였다는 산상 설교 때 겨우 삼만 명을 대상으로 설교했다고 한다. 당시로서는 엄청난 군중일지 모르나 오늘날 텔레비전을 통해 설교를 듣는 사람들과 비교하면 실로 보잘것없는 숫자일 뿐이다. 텔레비전 설교사와 순회 신부들의 강점은 수백만 명을 대상으로 설교를 할 수 있는 점이다. 하지만 그들에게도 반대급부는 있게 마련이다. 청중에 휘말려 우상숭배로 빠질 수도 있기 때문이다. 청중을 차지하려는 경쟁으로 신의 뜻에 어긋나는 일을 벌일 수도 있다. '빅 브라더'의 자리를 차지하기 위해 경쟁을 벌이는 사람들의 삶이 얼마나 고단할지 눈에 선하다.

방송통신매체는 사상을 전파하는데 지대한 공헌을 했다. 물론 사악한 사상도 있었고, 자비로운 사상도 있었고, 편협한 사상도 있었고, 광신적인 사상도 있었고, 인류 구원을 위한 눈물겨운 사상도 있었다. 예전에는 마음에서 마음으로, 개인에게서 개인에게로 전파되던 운동을 방송매체는 대중에게 일시에 전파할 수 있도록 해주었다. 이제는 무슨 일이 벌어지면 전 세계가 동시에 알게 된다. 곧 끔찍한 일이 벌어질 것만 같은 상황이다. 구세주라고 자칭하는 사람들이 언제 어디서 튀어나올지 모를 상황이다. 이제는 위로부터 사람들에게 말씀이 전해지는 시대가 아니다. 이제 각 개인들은 서로의 의견을 나누기 위해 대화의 폭을 점점 더 넓혀가고 있다.

토마스 모로가 처형당하기 전에 딸을 위로하기 위해 쓴 편지 중에서

토마스 모로는 이 편지에서 운명론자와 같은 태도를 보여준다. 그러나 그것은 자신을 변명하기 위한 유쾌한 운명론이다.

인간은 수세기를 거쳐 살아오면서 운명에 순응하는 법을 배위왔다. 운명과 맞서 싸울 방도가 없었기 때문이었다. 모로의 말 속에 담겨 있는 뜻은 우리 인간도 자기 의지에 따라 어느 정도 운명을 개척해 나갈 수 있다는 것이다. 우리 운명이 우리의 죽음을 의미하고, 우리의 죽음은 우리의 희망과 의지가 사라지는 것을 의미한다고 해도, 그게 우리의 운명이라면, 우리는 우리 운명을 알고 있을 필요가 있다. 니체 역시 운명에 대한 사랑과 욕구에 대해 얘기한 바 있다. 우리는 운명을 받아들여야 한다. 어쩔 수 없는 일이기 때문이다. 그리고 또한 우리는 운명 그 자체를 사랑해야 한다. 어쩌면 토마스 모로의 말은 운명에 대한 사랑을 종교적으로 표현한 것인지 모른다.

수세기를 거쳐 종교에 대한 지식과 확신은 부모 세대에서 자식 세대로 전해졌다. 어쩔 수 없이 그렇게 된 것이었고, 또 당연한 일이었다. 하지만 오늘날에는 개인적인 신념을 우리 후손들에게 어떻게 가르쳐야 할지가 문제로 대두되었다. 만일 우리가 우리 개인의 신념을 옳고 선하고 유용한 것으로 여긴다면 우리는 우리 신념을 자식들에게 심어주기 위해 노력할 것이다. 교육은 일종의 선별 작업이라고도 할 수 있다. 우리는 우리가 알고 있는 모든 것 중에서 없어서는 안 될 가장 중요한 것을 가려서 자식들에게 가르쳐준다. 따라서 종교인들이 자신들의 신앙을 자식들에게 전해주려고 노력하는 것은 지극히 당연한 처사다. 그러나 이런 점도 명심해야 한다. 우리 자식들이 다른 목소리, 다른 시점, 다른 지식에 주목하더라도 우리는 우리 자식들을 존중해주어야 한다. 우리 자식들은 우리와 다른 사상과 신념을 가질 수도 있다. 우리는 이 점을 인정해야 한다. 물론 이런 문제로 고통을 당하는 부모도 있을 것이다. 자식 세대가 부모 세대의 모든 것을 의무적으로 받아들일 수는 없는 노릇이다. 무솔리니가 통치하던 시대에 날뛰던 파시스트들을 생각해보면 알 수 있는 것 아닌가. 한 사람이 있었다. 이 사람은 전국을 돌아다니며 파시즘이라는 복음을 전파하고 다녔다. 이 사람이 어느 청년을 만나 이렇게 말했다. 너는 우리 당에 입당해야 한다, 우리 당이 이탈리아의 미래다. 그러자 청년이 대답했다. "안됩니다. 아버지는 사회주의자였고 할아버지도 사회주의자였습니다. 공산주의자 친척들도 많습니다. 그래서 나는 파시스트가 될 수 없습니다." 그러자 이 철두철미한 파시스트는 화를 벌컥 내며 이렇게 다그쳤다. "무슨 말인가? 자네 아버지가, 자네 할아버지가 뭐였다고? 그래 자네 아버지가 살인마였다는 거야? 자네 할아버지가 살인마였다는 거야?" 청년이 대답했다. "어, 그래요? 어, 그렇다면……, 파시스트당에 가입해야 되겠네."

너희는 너희 하느님의 이름 야훼를 함부로 부르지 못한다

02

작가가 주님과 의견을 교환하다

저기 말입니다⋯⋯, 주님이 실수하신 게 있는 것 같아서 말입니다. 주님은 주님의 이름을 함부로 사용하지 말라고 하셨습니다. 하지만 주님도 아셔야 합니다. 주님의 이름을 함부로 사용하지 않겠다고 약속했다고는 하지만 그 약속을 지키지 못하게 될 경우가 종종 있습니다. 약속을 지킬 의지가 부족해서가 아닙니다. 약속을 지키겠다고 세상에 대고 호언장담하지 않아서도 아닙니다. 우리가 우리의 약속을 굳건하게 지키기 위해 끊임없이 주님의 이름을 입에 올리는 것을 보시면 기분이 우쭐해지실 줄 압니다. 우리는 그럴 경우에만 주님의 이름을 입에 올리는 것은 아닙니다. 우리는 화가 났다는 것을 표시하려고 할 때에도 주님의 이름을 입에 올립니다. 주님에게는 몰상식한 짓거리로 보일 수도 있겠습니다만, 우리는 경의를 표하기 위한 한 가지 방편으로 불경스러운 짓을 저지르기도 합니다. 정말 화가 끓어오를 때도 있습니다. 그래서 세상에 당당하게 맞서나가기 위해 주님과 직접 대화를 나누고 싶을 때도 있는 것입니다. 그렇습니다. 주님의 이름은 수세기를 거쳐 법률적인 문제, 사업, 정부 등등을 위해 이용되었습니다. 주님의 이름을 걸고 맹세하는 것이 얼마나 큰 위력을 지니는지 아십니까. 우리는 우리가 사랑하는 사람에게 사랑을 고백할 때에도 주님의 이름에 의지합니다. 하기야 너무 자주 들이 질리셨는지도 모르죠. "오 내 사랑! 나는 당신 없이는 못살아! 하느님의 이름으로 맹세해!"

　좋습니다……, 좋아요……. 옳으신 말씀이십니다. 좀 함부로 사용하는 경우도 있긴 있지요. 하지만 주님은 다른 것을 염려하시는 것 같은데요. 오늘날 사람들이 주님의 이름을 별로 존경하지 않으니까, 그래서 그러시는 것 아닙니까. 다시 말해, 사랑한다고 고백해놓고는 그 다음에 금방 배신을 때린다는 거지요. 정치인들은 이렇게 맹세합니다. 주님의 명령을 전부 따르겠다, 무슨 일을 하든지 주님의 이름으로 하겠다. 하지만 권력을 차지한 후에는 주님을 싹 잊어버린단 말입니다. 주님의 이름이 점점 가치를 잃어 가는 것 같습니다. 힘을 점점 잃어 가고 있어요. 완전히 땅에 떨어졌단 말입니다. 주님과 같은 분이 이런 대접을 받다니, 안타까운 일입니다.

어렸을 때 나는 뭔가 다짐해야 할 일이 생기면 이렇게 말하곤 했다. "맹세해." 그러면 상대방이 다그쳤다. "그냥 약속이 아니라 진짜 맹세하는 거지?" 이런 상황이 벌어지면 나는 조금 위축되었다. 맹세까지 할 필요가 있을까. 그래서 나는 이렇게 고쳐 말했다. "약속해." 그러면 마음이 좀 가벼워졌다. 하느님의 이름을 걸지 않고 한 약속은 쉽게 어겨도 상관없었으니까. 그래서 우리 꼬맹이들은 매번 이렇게 요구했다. "약속만으론 안 돼. 맹세해." "싫어……, 못해……, 그냥 약속만 할래. 성경에 맹세하지 말라고 했잖아." 아마 이래서 변증법이라는 것이 생겨난 모양이다. 우리 꼬맹이들도 모두 그때부터 알고 있었다. 단순한 약속은 별로 신용할 것이 못된다. 이렇게 말하는 아이도 있었다. "이것에 대고 맹세해." 그러면 그 약속은 믿을 수 있었다. 아니, 적어도 어느 정도까지는 믿을 수 있었다.

약속이나 맹세는 아이들 놀이에서뿐만 아니라 정치 분야에 있어서도 중요하다. 존 로크는 『관용에 대하여』라는 책을 썼다. 이 책은 유럽에서 관용의 정신을 지키기 위해 씌어진 최초의 작품이다. 존 로크는 이 책에서 무신론자들을 정치권에서 배제시켰다. 로크는 그의 '이상 국가'에 기독교를 비롯한 모든 신앙을 받아들였지만 무신론자들은 받아들이지 않았다. 그 이유는? 아주 단순한 이유에서였다. 무신론자들의 맹세는 믿을 수 없었던 것이다. 로크가 살았던 시대에 맹세는 민사소송에서 필수적인 요소였던 것이다. 그 시대 사람들은 법정에서 신의 이름으로 법에 따를 것을 맹세해야만 했다. 그래서 무신론자들은 믿을 수 없었다. 무신론자들은 정색을 하고 맹세한 뒤에 그 맹세를 지키지 않거나 지켜내지 못했던 것이다.

마치 노름과도 같다. 우리는 맹세를 지킬 생각도 없으면서 혹은 그럴 능력도 없으면서 하느님을 증인으로 내세운다. 우리 일상생활이 다 그 모양이다. 우리는 사람들을 만나 이야기를 나누지만 우리의 맹세를 믿는 사람은 하나도 없다. 한 마디로 말해서 우리 모두는 하느님의 이름을 함부로 들먹이고 다니는 것이다.

우리는 신빙성 넘치는 초월적인 증인으로 하느님을 이용한다. 우리가 긍정하거나 혹은 부정하는 것에 하느님이 공개적으로 개입하지 못하리라는 것을 뻔히 알면서도 우리는 그렇게 한다. 하지만 바보가 아닌 이상 우리는 어느 정도 두려움을 갖기도 한다. 기적을 제외한다고 해도 불가사의한 일이 종종 벌어지기 때문이다.

스페인에 전해 내려오는 전설이 하나 있다. 톨레도의 '라 베가의 그리스도'에 관한 전설이다. 군인이 한 명 있었다. 군인은 전쟁터로 떠나기 전에 어느 아가씨에게 결혼을 약속했다. 군인은 톨레도에 있는 그리스도 수난상, '라 베가의 그리스도' 앞에서 맹세했다. 청년은 이 년 후 아무 탈 없이 멀쩡한 몸으로 돌아왔다. 그러나 청년은 결혼을 약속한 아가씨를 더 이상 사랑하지 않았다. 청년은 약속 이행을 거부했고, 그래서 소동이 벌어졌다. 어느 판사가 그 문제를 다루게 되었다. 판사는 아가씨에게 증인이 있는지를 물었다. 아가씨가 대답했다. "물론 있지요. '라 베가의 그리스도'가 증인입니다." 판사로서는 달리 방법이 없었다. 그래서 서기를 보내 그리스도의 증언을 받아오도록 시켰다. 우리가 보기에는 말도 안 되는 소리다. 그러나 전설은 그럴듯하게 전개된다. 서기는 그리스도에게 물었다. 지금 문제가 되는 사건에 증인으로 참석한 적이 있는지 맹세할 수 있느냐. 그러자 나무 조각상은 십자가에 못 박혀 있던 한쪽 손을 빼들어 자신만만하게 외쳤다. "그렇다. 맹세한다." 이 신앙심 넘치는 전설은 소리야가 지어낸 이야기에 불과하지만, 지금 '라 베가의 그리스도'의 한쪽 손에는 못이 없다. 신이라는 초월적인 증인이 증언을 행한 아주 희귀한 경우의 하나라고 할 수 있을 것이다.

사람들은 시대가 변함에 따라 맹세와 "사랑해"라는 고백을 점점 더 자주 입에 올리게 되었다. 사람들은 대부분 쓸데없이 맹세를 하고 고백을 한다. 그래서 그 효력도 점점 떨어지고 있다. 맹세와 고백은 이제 유행어가 되어버렸고 그래서 신빙성도 땅에 떨어졌다. 사랑에 눈이 먼 연인들은 지금도 계속해서 사랑타령을 늘어놓는다. 그러나 막상 "사랑해"라는 간절히 바라던 말을 입에 올릴 순간에 가서는 위축되는 연인들도 많다. 신앙이 없으면서도 무언가 맹세해야 할 상황에 놓이게 되면 등에 식은땀을 흘리는 사람들을 나는 제법 많이 알고 있다.

유대인 사회에서 맹세는 사람들의 태도를 판단하는 근거 자료였다. 그래서 두 번째 계명의 의미는 분명했다. 너희는 잘못된 판단을 내리지 마라, 너희의 잘못된 판단으로 이웃에게 해를 끼칠 수 있다. 맹세는 결정적인 요소였다. 판사들은 사람들의 맹세를 근거로 판결을 내렸다. 또한 맹세는 사회 질서를 유지하는 역할도 감당했다.

따라서 이스라엘 민족은 하느님의 이름을 사용하는데 있어서 신중에 신중을 기해야 했다. 하느님의 이름은 조심스럽게 사용할수록 그 가치가 높아졌다.

이런 의미에서 랍비 이삭 사카는 이렇게 말한다. "하찮은 일로 하느님의 이름을 들먹이는 것은 하느님의 이름을 욕되게 하는 짓이며 따라서 자동적으로 하느님 자신을 욕되게 하는 짓이다."

일상생활에 있어서 맹세는 거의 반사작용처럼 행해진다. 다른 문제에 있어서도 그렇지만 몇몇 신앙인들은 그런 습관을 싫어한다. 이 점에 대해 랍비 사카는 이렇게 설명한다. "유대인들은 지나친 맹세를 곱게 보지 않는다. 적절한 순간에 중요한 일을 위해 하는 맹세는 정당하다. 그럴 경우에는 맹세를 할 수도 있고 또 그 맹세가 유용할 수도 있다. 하지만 우리는 맹세를 하기 전에 우리가 처한 상황과 원인을 폭넓게 살펴보고 맹세를 할 수 있는지 없는지 판단해야 한다.”

하지만 다른 경우에서와 마찬가지로 모세의 율법은 글자가 지닌 의미를 뛰어넘는다. 우리는 자주 이렇게 말한다. “정말이야, 맹세해. 아무개를 어떤 장소에서 목격했단 말이야.” 우리는 어떤 이야기나 생각을 강조하기 위해 맹세를 한다. 그런 맹세는 하느님을 모독하는 것이 아니다. 종교재판소가 맹세를 빌미삼아 만행을 일삼던 시대도 있었지만, 오늘날의 종교인들은 맹세를 일종의 단순한 형식으로 간주한다. 중요한 문제는 이런 것이다. 즉 자신의 의견을 강조하기 위해 맹세를 할 경우 거기에 거짓말로 남을 해치려는 의도가 있느냐 없느냐를 살피는 것이다. 아르헨티나 가톨릭 대학교 법대 학장 아리엘 부소 신부[10]는 이런 경우에는 하느님을 모독하려는 의도가 없다고 말한다. “하느님을 모독하려는 의도가 없는 사람은 ‘정말이야, 맹세해’라고 말할 때 손가락을 십자가 모양으로 만들어 입에 갖다댄다. 나중에 지키지 못할 줄 뻔히 알면서도 공식석상에서 맹세를 하는 것이 문제다. 하느님을 걸고 맹세하는 사람들. 하느님이 우리 인간들처럼 감옥에 집어넣거나 다른 체벌을 가하지 않을 것을 알고 있기 때문에 많은 사람들이 함부로 맹세를 한다.”

오늘날에도 하느님과 예수 그리스도의 이름에 대한 경외심은 우리 사회 깊숙이 박혀있다. 성경이 규정한 엄격한 종교적 혹은 문화적 금지사항 이외에도 우리를 두렵게 하는 것은 많

다. 루이스 데 세바스티안은 자신의 저서 『21세기의 십계명』에
서 이렇게 말한다. "이러한 경외심은 프로테스탄트의 전통과
그리고 이에 영향 받은 앵글로 섹슨 국가의 가톨릭교도들에게
남아 있다. 사람들은 예수라는 이름을 가진 사람 앞에서 당황
한다. 헤수스(예수) 루스라가라는 친구를 예로 들어보자. 이 친
구는 나와 옥스퍼드 대학교를 같이 다닌 동창생이다. 영국인들
은 이 친구의 이름을 함부로 부르지 못했다. 이 친구의 이름을
부르면 불경죄를 범하는 것으로, 적어도 실례를 범하는 것으로
여기는 듯 했다."

오늘날의 세속 법정에는 '위증죄' 라는 것이 있다. 법정에서
맹세를 한 이후에 거짓증언을 하면 처벌을 받게 되는 것이다.
맹세가 평가 절하된 것도 사실이다. 하지만 맹세가 오랜 세월
동안 효력을 유지해온 것 또한 사실이다. 아직도 맹세는 현대
사회의 근간을 이루고 있다. 맹세는 바로 정의를 실현하기 위
해 존재하는 것이다.

오늘날에는 하느님의 이름을 걸고 하는 맹세는 가치를 상실
했다. 사실이다. 하지만 모든 약속이 전반적으로 그 가치를 상
실한 것은 아니다. '책임 있는 발언' 이라는 것도 있는 것이다.
텔레비전 방송국에 근무하는 내 친구 하나가 이런 얘기를 한
적이 있다. "불과 몇 년 전까지만 해도 거래 상대방과 악수만
나누면 협상은 그걸로 끝이었고, 나머지 일은 변호사들이 다
알아서 처리했다. 그러나 요즘은 전혀 딴판이다. 요즘은 약속

을 해도, 악수를 나누어도 소용이 없다. 우리는 무법시대를 살고 있는 것이다.” 내 친구를 실망시키고 싶지는 않지만 이런 말은 꼭 하고 넘어가야겠다. 변한 것은 모두 법이다. 법은 언제나 존재하고 있었다. 문제는 사람들이 새로 나온 법에 적응하지 못하거나 적응하기 싫어하는 것이다.

요즘에는 서면으로 하는 약속을 구두로 하는 약속보다 더 선호하게 되었다. 부소 신부는 이 점을 명쾌하게 지적한다. “문제는 맹세가 버릇이 됐다는 것이 아니라 맹세가 가치를 상실했다는 것이다. 우리는 아무짝에도 쓸모없는 말들이 판을 치는 세상을 살고 있다. 우리는 거짓말이 횡행하는 시대를 살고 있다. 일상적인 거짓말을 보증하기 위해 맹세를 하는 경우도 있을 수 있는 것이다.”

야훼가 시나이 산에서 모세에게 율법을 전해줄 당시, 유대 민족은 종교적인 율법과 세속적인 율법 사이에 차이가 있다고 생각하지 않았다. 그 당시에는 모든 것이 하나였던 것이다. 그래서인지 조금 불편한 관계가 형성되었다. 하느님은 모든 인간을 한 사람 한 사람 돌보아줄 수 없었지만, 우리 인간은 모두 하느님을 위해 일을 해야 했던 것이다.

그리스도의 산상 설교로 모든 것이 변하기 시작했다. 그리고 기독교가 로마 제국의 공식 종교가 되면서 완전히 변했다. 종교생활과 세속생활이 명확하게 구별된 것이다. 교회는 자신들의 힘을 강화하기 위해 온갖 수단을 동원했다. 그리하여 몇 가지 민법을 조작하기도 했다. 그 결과, 신이 존재하든 존재하지 않든 상관없이 상식적으로 통하던 몇 가지 계명이 민법에 포함되었다. '살인하지 못한다', '도둑질하지 못한다', '이웃에게 불리한 거짓 증언을 못한다', '네 이웃의 소유를 탐내지 못한다' 등의 계명이 민법 조항에 포함되었던 것이다.

우리가 사용하는 문장에는 '수행문(performative)'이라는 기술적인 용어로 불리는 것들이 있다. 그 문장을 말하는 것이 바로 그 문장이 나타내는 행위의 수행이 되는 문장이다. 다시 말하자면, 무슨 의견을 진술하거나 어떤 물건을 지적할 뿐만 아니라 어떤 행위를 실현하겠다는 의미가 담긴 문장이다. 예를 들어보자. "그래, 맹세한다." 이 말은 하나의 문장임과 동시에 어떤 행위의 실현이다. "그래, 맹세한다"라고 말함으로써 맹세라는 행위가 실현되는 것이다. "너를 사랑해"라는 문장을 보자. 이 문장은 대화 상대자에게 사랑한다는 의미를 명확하게 전달함과 동시에 사랑이라는 행위를 실현하는 문장이다. 이런 의미에서 우리는 "맹세해"라거나 "사랑한다고 말해 줘"라고 요구하는 것이다. 이런 문장은 단지 미사여구나 설명문이 아니라 그 문장 속에 담긴 행위의 실천을 의미하는 문장, 이야기 상대방에게 자동적으로 약속을 하는 문장인 것이다.

사람들이 약속을 이행하는 것이 반드시 좋은 것만은 아니라고 나는 생각한다. 역사를 살펴보면 약속을 하고도 지키지 않은 사람들이 무수히 많다. 그러나 불행하게도 대량학살과 복수를 다짐하고 실천한 독재자와 살인범들도 또 그만큼 많다. 그 인간들은 자기들에게 유리한 정의를 조작해 내어 그 정의의 이름으로 그와 같은 만행을 저질렀던 것이다.

함부로 한 맹세 때문에 자기 자신이 피해를 보는 그런 어처구니없는 경우도 많이 있다. 이스라엘 민족의 판관 중 한 사람이었던 입다의 경우가 그랬다. 입다는 전투에서 승리한 후에 경망스럽게도 이렇게 야훼에게 맹세하고 말았다. 집에 도착했을 때 저를 맞으러 처음 나오는 사람을 야훼께 번제로 바쳐 올리겠습니다. 입다는 처음 나오는 사람이 자기 딸일 줄은, 무남독녀 외동딸일 줄은 생각도 하지 못했던 것이다. 입다는 오로지 하느님과의 약속을 지키기 위해 지체 없이 딸을 죽여 하느님께 번제로 바쳤다.[11]

약속은 반드시 지켜져야 할까? 꼭 그렇지만도 않다는 사실을 여실히 보여주는 사례다.

이 지구상에서 가장 많은 약속을 하고도 가장 약속을 지키지 못하는 사람으로 정평이 나 있는 사람들은 정치인들이 틀림없다. 정치인들은 정당하게 혹은 부당하게 거짓말을 일삼는다.

우리는 플라톤의 글에서 가장 인상 깊은 에피소드를 하나 찾아볼 수 있다. 플라톤은 '일곱 번째 편지'에서 자신의 불행한 운명에 대해 이야기한다. 여기서 그는 폭군 디오니시오를 자신이 꿈꾸어왔던 이상적인 군주로 판단했던 잘못을 후회하고 있다. 플라톤과 폭군 디오니시오에게 친구 한 명이 있었다. 그런데 무슨 일이 생겨 폭군은 그 친구를 죽이기로 마음먹었다. 그래서 그 친구는 달아날 수밖에 없었다. 플라톤이 중재에 나섰다. 디오니시오는 플라톤에게 이렇게 말했다. 그 달아난 친구 말이야, 마음 놓고 돌아와도 좋아, 용서해주기로 약속하지. 하지만 달아났던 친구는 돌아오자마자 사형을 언도 받고 처형당했다. 발끈한 플라톤은 디오니시오에게 가서 따졌다. "그 친구를 용서해 주겠다고 약속하지 않았소." 그러자 폭군은 쌀쌀맞게 플라톤의 눈을 쳐다보며 이렇게 대답했다. "나는 자네에게 어떤 약속도 한 적이 없네."

폭군의 말이 옳다. 폭군은 어떤 것도 약속하지 않는다. 그저 약속하는 척 할 뿐이다. 입으로는 떠들어도 그걸 약속으로 생각하지 않는 것이다. 폭군은 천상천하 유아독존인 것이다. 그 어느 누가 폭군에게 약속을 이행하라고 강요할 수 있단 말인가.

우리는 많은 경우 정치인들에게 약속을 이행하라고 억지를 부린다. 하지만 정치인이라는 인간들은 유권자들에게 자신을 팔기 위해, 유권자들의 표를 얻기 위해 약속을 이용해먹을 뿐이다.

어쨌든 우리는 이런 점들을 생각해보아야 한다. 약속을 지키지 않는 사람들을 용서해줘야 하는가? 자신의 한계를 뻔뻔스럽게 고백하는 정치인, 문제가 너무 어렵다고 토로하는 정치인, 단시일 내로는 문제를 해결할 수 없다고 실토하는 정치인, 국민들에게 상당한 희생을 요구하는 정치인, 우리는 실제로 이런 정치인에게 표를 던질 수 있을까? 얼마나 많은 정치인들이 제2차 세계대전 중에 윈스턴 처칠이 했던 것처럼 '피와 땀과 눈물'을 약속할 수 있단 말인가? 노골적으로 진실을 파헤치고, 그 진실을 받아들이라고 우리를 다그치는 정치인, 우리는 그런 정치인을 용납할 수 있을까?

우리는 종종 정치인들이 거짓말을 한다고 투덜거린다. 그러나 우리는 무의식적으로 정치인들이 거짓말을 해줄 것을 바란다. 사실을 있는 그대로 까발리는 정치인, 전지전능하다는 인상—그야말로 말도 안 되는 허풍이겠지만—을 주지 못하는 정치인, 이런 정치인에게 우리는 절대로 표를 던지지 않을 것이다. 여기에 패러독스가 있는 것이다. 우리는 정치인에게 속아 넘어가고 싶어 하지 않는다. 하지만 그와 동시에 우리는 정치인들이 우리를 속여주기를 원한다.

이행되지 않을 약속을 믿게 하는 기술

자신들의 이익을 위해 하느님까지 끌어들이는 사람들, 정치인들보다 뛰어난 거짓말쟁이들도 아주 많다. 거리 곳곳에서 마주치게 되는 광고판을 보자. "이 제품보다 더 새하얗게 세탁해주는 세제를 발견하시는 분께는 환불해드리겠습니다." 이와 유사한 혹은 더 충격적인 광고-가루비누 광고는 실상 별로 그렇게 큰 문제를 일으키지 않는다-들은 텔레비전, 라디오, 신문에 끊임없이 등장한다.

광고는 소비자들에게 약속과 맹세를 끊임없이 늘어놓는다. '탁월한 선택', '순수 자연산 제품', '이 제품은 당신에게 최고의 만족감을 안겨줄 것입니다', '다른 제품과 비교해보세요' 기타 등등.

오로지 자기네들에게만 이득이 되는 것을 우리에게 납득시키려드는 사람들이 있다. 우리는 이런 사람들의 말을 곧이곧대로 믿을 때도 있지만, 전혀 신용하지 않을 때도 있다. 참으로 이상한 일이다. 광고를 믿는다는 것은 우리의 신용을 바탕으로 이득을 챙기는 사람들을 믿는다는 것이다. 광고가 하는 약속은 정치인들이 하는 약속과 어딘지 모르게 비슷해 보이지만 나름대로의 특징이 있다. 광고인이면서 신문기자인 마르셀로 카푸로[2]는 광고업계가 하느님의 이미지와 이름을 과용하고 있다고 지적한다. "우선 할리우드가 심어준 인상이 너무 크다고 볼 수 있다. 금발에 하늘색 눈을 가진 그리스도는 제프리 헌터가 주연한 〈왕중왕〉에 나온 그리스도의 모습이다. 바로 미국인들이 그려낸 하느님의 모습이다. 그 모습은 셈족이라기보다는 노르웨이인의 모습을 더 닮았다. 나는 하느님의 이름을 경망스럽게 사용하는 것을 반대한다. 특히 기독교인을 공략할 때에는 더욱 조심해야 한다. 전략 상품의 판매량을 늘리기 위해 광고업계에서는 하느님의 이미지와 이름을 자주 사용하는데, 얼마나 긍정적인 효과를 볼 수 있을지 심히 의심스럽다."

어쨌든 우리의 언어를 살펴보면 신의 이름을 걸고 하는 약속이나 맹세를 많이 찾아볼 수 있다. 언어사용도 격세지감으로 변하는 모양이다. 어찌되었든, 하느님은 항상 그 자리에 있다. 우리는 좋은 일을 겪으면 하느님에게 감사를 표하고, 나쁜 일을 겪으면 하느님을 원망하며 눈물을 뿌린다.

우리 스페인 언어에는 신과 연관된 단어들이 많다. 예를 들어 '오할라(ojalá)' 라는 표현이 있다. 원래 의미는 '알라의 뜻대로 될지어다' 라는 의미다. 우리가 이 표현을 사용한다는 것은 우리 자신이 부지불식간에 이슬람교의 신앙고백을 하는 것이나 다름없다. 그러나 이 표현은 이제 종교를 떠나 우리의 일상적인 표현이 되고 말았다.

하느님을 모독하다

이 두 번째 계명은 신성모독의 죄를 저지르지 말라는 계명과 연결된다. 레알 아카데미아 사전에 의하면 신성모독은 '하느님, 성모마리아, 그 밖의 성인(聖人)들을 모독하는 것' 을 의미한다.

루이스 데 세바스티안은 이 계명의 의미를 좀더 폭 넓게 해석했다. 이 계명을 관용에 대한 계명으로 해석한 것이다. "우리는 이 계명을 일종의 도그마로 받아들일 것이 아니라 일종의 관용의 정신으로 받아들여야 한다. 다수의 종교와 철학적인 신념이 공존하는 세상에는 관용이 반드시 필요하기 때문이다. 특히 실천적인 가톨릭 신자들, 자신들의 종교의 단일성과 진리와 지고선(至高善)을 수호하기 위해 목숨이라도 바칠 각오가 되어 있는 근본주의자들은 이 점을 명심해야 한다. 신성모독은 지중해 연안 국가에서만 유독 중요하게 여겨진다. 스페인과 같은 가톨릭 국가가 아닌 곳에서는 신성모독을 그렇게 중요한 문제로 생각하지 않는다."

신성모독적인 발언에는 사회적인 의미도 담겨있다. 한동안 '하느님에게 똥을 싸다' 또는 '성체(聖體)에 똥을 누다'라는 표현이 유행했다. 그런데 이 말은 바로 프랑코를 두고 한 말이었다. 프랑코가 교회의 절대적인 지지를 받고 있었기 때문이었다. 사람들은 프랑코 정권에 맞서 싸우기 위해 그런 표현을 사용했던 것이다.

영화감독 루이스 부뉴엘은 자신의 책 『내 마지막 탄식』에 이렇게 썼다. "스페인어는 이 세상에서 가장 불경스러운 언어임에 틀림없다. 다른 언어에서는 일반적으로 맹세나 신성모독적인 발언이 짧고 간결하다. 그러나 이와 달리 스페인어의 신성모독적인 발언은 한없이 길게 이어지기가 십상이다. 기본적으로 하느님, 그리스도, 성령, 성모마리아, 열두 사도와 관련된 추잡한 말들이 줄을 잇는다. 교황도 빠지지 않는다. 아주 더럽고 치사한 말들의 행렬이다. 스페인어의 신성모독적인 발언은 하나의 예술이다. 사백 년이나 스페인 문화의 영향을 받아온 멕시코에서도 나는 신성모독적인 발언을 쉽게 들을 수 없었다."

우리는 얼마만큼 거짓말을 하는가

처음부터 아무것도 줄 생각이 없는 사람들이 어떤 거짓말인들 못하겠는가? 유명한 사기꾼들이 어떻게 성공할 수 있었겠는가? 사기꾼들은 애당초 약속을 지킬 생각이 없기 때문에 귀에 솔깃한 거짓말을 마구 해댄다. 우리는 상대방의 속도 모르고 사탕발림에 그저 쉽게 넘어간다. 속았다는 것을 알아챈 뒤에야 아차 하는 것이다.

우리의 일상생활을 살펴보면 알 수 있다. 맹세는 효력을 잃어가고 있다. 질이 떨어지고 있는 것이다. 맹세는 이제 의례적인 행위가 되고 말았다. 어쩔 수 없어 임기응변으로 하는 맹세가 대부분이다.

내가 한창 나이에 대학에 입학했을 때가 생각난다. 학생과 교수들은 '국민운동본부'와 그 수장 프란시스코 프랑코의 정책을 지지한다는 성명서에 서명을 해야만 했다. 서명을 하지 않으면 대학 생활을 할 수 없었다. 그래서 우리는 성명서는 거들떠보지도 않고 건성건성 서명했다. 그리고는 성명서의 잉크가 채 마르기도 전에 반정부 정치 투쟁에 투신했다. 맹세가 얼마나 허망한 것인지 보여주는 단적인 예다. 우리는 앞에서 자신의 무남독녀 외동딸을 희생 제물로 바친 불행한 이스라엘 사람 입다의 경우를 살펴보았다. 하지만 내가 대학을 다니던 시절에는 맹세한 것을 지키지 않는 것이 바로 정의로운 행동이었다.

재미있는 것은 우리가 지금 신용을 바탕으로 한 사회에서 산다는 것이다. 맹세와 약속을 중요시하는 그런 사회에서 말이다. 화폐, 신용카드, 수표, 각국의 환율 시세 등은 모두 신용을 바탕으로 한다. 우리는 우리 호주머니에 들어 있는 지폐가 그 가치를 인정받을 것을 믿는다. 우리들의 신용카드는 은행이 보증해준다. 그리고 은행은 우리가 돈을 입금시킬 것을 믿는다. 우리는 우리가 받은 수표를 현금으로 바꿀 수 있다는 것을 믿는다. 우리는 서로 서로를 신용하고 있는 것이다. 그런 신용사회에서 맹세와 약속이 점점 가치를 상실해간다는 사실이 우리의 주목을 끈다.

약속과 맹세. 공문서를 통해 한 약속을 반드시 지키도록 강요하는 법률이 있다. 함부로 맹세하는 사람을 정죄하는 종교법도 있다. 그러나 사기를 친 사람이 하느님의 정의에 의해 벌을 받든 인간의 법에 의해 벌을 받든 사기를 당한 사람에게는 별반 차이가 없다. 사기를 당한 사람이 알고 싶어 하는 것은 사기꾼이 어떤 벌에 처해지는지, 사기 당한 것을 얼마나 보상받을 수 있는지에 관한 것뿐이다.

'너희는 너희 하느님의 이름 야훼를 함부로 부르지 못한다.' 우리는 이 계명을 어떻게 해석해야 하는가? 종교적인 문제를 벗어나서는 하느님의 이름을 사용할 수 없다는 뜻이다. 이웃의 신뢰를 유도해내기 위해 성스러운 이름을 사용해서는 안 된다는 뜻이다. 이웃의 신뢰를 이용해먹기 위해, 이웃을 속이기 위해, 이웃을 이용해 우리의 변덕과 욕구를 채우기 위해 초월적인 존재의 이름을, 신의 이름을, 자유라는 명분을, 사회 공동의 목표라는 명분을 내세워서는 안 된다는 뜻이다. 고귀한 것이 거짓과 사기에 이용당해서는 안 될 노릇이다. 가장 높이 찬양 받아야 할 존재가 힘과 가치를 잃어버리는 그런 허망한 세상이 도래할지도 모르니 말이다.

안식일을 기억하여 거룩하게 지켜라

03

작가가 노동에 대해 주님과 토론하다

'기념일을 거룩하게 지켜라.' 감사합니다. 이제야 우리 마음에 쏙 드는 계명이 나왔습니다. 뭐든 하지 말라 하지 말라 하시더니 드디어 우리 마음에 쏙 드는 내용을 언급하시는군요. 휴식의 날, 축제의 날, 기쁨의 날.

십계명 중에서 우리에게 이득이 되는 것은 이 계명밖에 없습니다. 하지만 사실을 말씀드리자면, 이 계명도 별로 이득이 될 것은 없습니다. 아닙니다……. 배은망덕하다니요, 그렇지 않습니다. 주님이 원하시던 바가 아니라 할지라도 주님은 과장이 좀 심한 편이십니다. 어떻게 명령을 내리시면서 감사를 표하란 말씀이십니까.

그렇습니다……. 아무래도 의견을 일치시킬 수가 없네요. 또 의견이 엇갈리고 말았습니다. 도대체 주님이 말씀하시는 안식일이란 언제란 말입니까. 이슬람교도들은 금요일을 안식일로 지키고, 유대인들은 토요일이 안식일이라고 고집하고, 기독교인들은 일요일이 안식일이라고 주장합니다. 다른 종교에서는 또 그 나름대로 다른 요일을 인식일로 지키겠지요. 금요일도 아니고 토요일도 아니고 일요일도 아닌 다른 요일을 말입니다.

하지만 이건 아셔야 합니다. 이 계명은 지키기가 매우 어렵습니다. 누군가가 쉬면 다른 사람이 그 사람 대신 일을 해야 하기 때문입니다. 주님과 모세가 당시에 생각지도 못했던 일들이 지금 벌어지고 있습니다. 요즘은 많은 사

람들이 안식일을 누리지 못하고 있습니다. 일거리가 없는 실업자들이 넘쳐
나기 때문입니다. 대체 그 사람들에게 안식일이 무슨 의미가 있겠습니까?

문제는 지금 이 땅에 살고 있는 사람들 중 수백만 명이 실업자라는 사실
입니다. 실업자들이 이 세 번째 계명에서 무슨 이득을 볼 수 있겠습니까. 그
들이 바라마지 않는 것이 바로 일거리인데 말입니다. 그들은 일을 해서 피곤
해지기를 원합니다. 그들은 돈을 벌기를 원합니다. 그런 다음에 그 돈으로
즐겁게 살기를 원합니다. 강제로 쉬게 만든다. 보기에는 어떨지 몰라도 결코
유쾌한 상황이 아닙니다. 노동과 게으름에 대한 사람들의 생각은 예전과 같
지 않습니다. 은혜를 좀 베풀어주시지 않겠습니까. 일주일 중 엿새는 편히
쉬고 오직 하루만 땀 흘려 돈을 벌게 하실 수는 없습니까. 일을 좀 더 많은
사람들에게 배분하는 것입니다. 그러면 모든 사람들이 일자리를 가질 수 있
을 것입니다. 예, 저도 압니다. 물론 주님은 직업소개소 직원이 아닙니다. 이
해합니다. 처음 세상을 창조하실 때는 모든 것을 아시지 못했겠지요. 그래서
빼먹은 것도 있었겠지요. 주님이라고 모든 일을 다 알아서 처리할 수는 없는
노릇 아닙니까. 그러니 우리의 고충을 이해해주시기 바랍니다. 우리는 단지
살과 뼈로 이루어진 인간일 따름입니다!

"엿새 동안 힘써 네 모든 생업에 종사하고 이렛날은 너희 하느님 야훼 앞에서 쉬어라. 그 날 너희는 어떤 생업에도 종사하지 못한다. 너희와 너희 아들 딸, 남종 여종뿐 아니라 가축이나 집 안에 머무는 식객이라도 일을 하지 못한다. 야훼께서 엿새 동안 하늘과 땅과 바다와 그 안에 있는 모든 것을 만드시고, 이레째 되는 날 쉬셨기 때문이다. 그래서 야훼께서 안식일을 축복하시고 거룩한 날로 삼으신 것이다."

거룩한 날을 정하고 그 날을 하느님을 위한 축일로 기념하는 것은 한 주일(週日)이라는 개념과 관련이 있다. 그리스인들과 로마인들은 매일 매일을 특정한 신을 위한 날로 정해 기념했다.

루이스 데 세바스티안이 지적한 바와 같이, 사람들은 1년 365일 동안 매일 아침부터 저녁까지 일을 해야 했다. 그런 상황에서 어떻게 기념일을 가질 수 있었겠는가? "예배를 드린다거나 종교 행사를 치를 시간이 없었다면 종교 지도자들은 어떻게 자기 백성을 이끌 수 있었겠는가? 종교와 관련된 사원이랄지 회당이랄지 또 종교 지도자랄지 하는 사람들은 어떻게 권력과 경제권을 유지할 수 있었을까? 일을 하지 않는 거룩한 날인 안식일을 제정한 것은 종교를 위해 우리의 시간을 할애하는 조치였으며, 그로써 종교를 사회생활에 있어서 중요한 부분으로 생각하게끔 만든 조치였다."

하루를 정해 일을 하지 않고 하느님께 바친다. 도시에 사는 사람, 혹은 상업에 종사하는 사람, 혹은 농촌을 떠난 사람들에게는 가능한 일이다. 그러나 예나 지금이나 농민들은 시간을 일주일 단위로 나누어 일을 하지는 않는다. 농민들은 계절과 절기에 따라 일을 한다. 농민들은 때에 따라 씨를 뿌리고 또 때에 맞춰 거두어들인다. 농민들은 7일이라는 작은 시간 단위를 따르는 것이 아닌 것이다.

일주일이라는 추상적인 시간 개념은 태양과 비와 바람과는 전혀 관계가 없다. 주일 개념은 도시민들의 시간 계산에서나 유용할 뿐이다. 안식일은 주 단위로 끊임없이 연속되는 시간 선상에서 잠시 일을 멈추고 쉬는 날이다. 안식일은 우리 인간이 자연의 주기와 밀접하게 연관된 노동에서 벗어나게 되었을 때 생겨난 것이다. 오늘날 우리가 지키고 있는 일주일이라는 시간 단위는 태양력과는 상관없이 발명된 개념이다. 따라서 안식일은 자연의 주기와는 무관하게 정해진 것이다. 안식일은 태양과 별, 파종과 추수와는 아무런 상관이 없다.

호세 마리아 블라스케스 교수[13]는 이렇게 설명한다. "유대 민족에게는 다섯 개의 중요한 축제가 있었다. 이 축제들은 모두 농사와 관련되어 정해진 것으로 가나안 인이나 페니키아 인의 축제를 모방한 것으로 보인다. 초막절이나 유월절과 같은 중요한 축제는 의무적으로 지켜야 했고, 그 축제기간 동안에는 일을 멈추었다. 사람들은 모두 축제의 중심지인 예루살렘에 모여야 했기 때문이었다."

기독교인들은 기념일을 변경해서 일요일을 안식일로 삼았다. 왜 토요일이 아니라 일요일인가? 바로 그 날이 그리스도가 부활한 날이기 때문이다.

부소 신부는 이렇게 설명한다. "안식일을 일요일로 변경한 이유는 그리스도가 부활한 바로 그 날, 즉 일요일에 사도들이 함께 모여 그 기적을 기념했기 때문이다. 하지만 무슨 요일이든 그것은 중요하지 않다. 무슬림은 금요일에 예루살렘에 모이고, 유대인들은 토요일에, 또 기독교인들은 일요일에 예루살렘에 모인다. 중요한 점은 종교가 하느님과 인간을 구체적으로 연합시켜준다는 것이다. 그리고 그것은 바로 예배를 통해 나타난다. 무슨 요일을 예배일로 정하든 중요하지 않다. 그러나 기독교인들은 계속해서 일요일을 기념일로 지켜나갈 것이다."

열심히 일하라, 그러나 일에 치여 죽을 정도가 되어서는 안 된다

내 친구는 항상 이런 말을 되풀이한다. 노동이 선한 것이 아니라 그와 정반대라는 것을 가장 확실하게 보여주는 증거는 일을 해야만 돈을 벌 수 있다는 것이다. '일을 하기 위해 산다' 라는 말을 함부로 해서는 안 된다. 우리는 반드시 명심해야 한다. 우리는 살아남기 위해 일을 할 뿐이다. 일을 위해 자신을 희생시켜서는 안 된다. '노동(trabajo)'이라는 단어가 '트리팔리움(tripalium)'이라는 단어에서 파생되었다는 사실은 결코 우연이 아니다. 트리팔리움은 고문 도구의 일종이었다.

사실 하느님에게 하루를 바친다는 생각은 훌륭한 변명이다. 그 날에는 음식을 만들지도, 일을 하지도, 불을 피우지도 못했다. 아무 일도 하지 않고 그저 가만히 있어야 했다. 성경을 보면 아담과 하와가 하느님으로부터 저주를 받는 대목이 나온다. 아담과 하와는 에덴동산에서 쫓겨나게 되고, 그때부터 우리 인류는 일을 해야만 했다. 이마에 땀을 흘리지 않고서는 먹을 것을 구할 수 없게 되었던 것이다. 이 계명을 보면 아담과 하와도 어느 정도 위로를 받을 수 있을 것이다. 아담과 하와에게 떨어진 저주는 무시무시했다. "너는 아내의 말에 넘어가 따먹지 말라고 내가 일찍이 일러 둔 나무 열매를 따먹었으니, 땅 또한 너 때문에 저주를 받으리라. 너는 죽도록 고생해야 먹고살리라. 들에서 나는 곡식을 먹어야 할 터인데, 땅은 가시덤불과 엉겅퀴를 내리라. 너는 흙에서 난 몸이니 흙으로 돌아가기까지 이마에 땀을 흘려야 낟알을 얻어먹으리라. 너는 먼지이니 먼지로 돌아가리라." 유대 민족은 처음부터 안식일 개념을 천지창조와 결부시켰다. "하느님께서는 엿샛날까지 하시던 일을 다 마치시고, 이렛날에는 모든 일에서 손을 떼고 쉬셨다."

랍비 이삭 사카는 이 계명을 이렇게 해석한다. "인간은 끊임없이 창조적인 일에 매달릴 수 없다. 끊임없는 일은 스트레스를 유발하기 때문이다. 휴식을 위한 시간이 필요하다. 창조적인 일은 이제 충분히 했다. 우리는 자신을 돌아보고, 반성하고, 영적으로 휴식을 취할 시간이 필요하다. 기본적인 창조 작업 서른아홉 개와 그로부터 파생된 일들이 있다. 그러나 이레째 날에는 어떤 일도 할 수 없다. 안식일은 하느님이 인간에게 주신 선물이다. 우리는 이 선물을 누려야 한다."

노예제도는 일종의 진보였다

노예제도는 우리 인류가 시행해온 제도 중에서 가장 잔인무도한 제도에 속한다. 그러나 나는 미개인이라는 소리를 듣는 한이 있더라도 한 마디 하고 넘어가야겠다. 노예에게도 이로운 점이 있었다. 그리고 노예제도는 우리 문명이 이룩한 위대한 진보 중의 하나였다.

먼 옛날, 사람들은 서로 싸움을 벌였다. 싸움에서 패배한 사람들의 운명은 바로 죽음이었다. 패배자에 대한 동정심은 결코 존재하지 않았다. 패배자의 가족도 마찬가지로 죽임을 당했다. 승리자는 남녀노소를 가리지 않고 모조리 학살했다.

그러나 농사를 짓는데, 가축을 치는데, 건물을 세우는데 일손이 필요하게 되면서 사람들은 깨닫기 시작했다. 패배자들을 죽여 버리는 것보다 노예로 삼는 것이 훨씬 유용했던 것이다. 이제 패배자들도 살아남을 가능성이 있게 되었다.

무력에 의해 정복당하여 노예 신세로 전락한 사람도 비록 주인과 같은 권리를 누릴 수는 없었지만 그가 속한 사회의 일원으로 흡수되었다. 노예들은 오랜 세월을 거쳐 조금씩 조금씩 인정을 받게 되었고, 인간으로서의 권위를 회복해 갔다. 이제 노동은 잔인한 의무가 아니라 당당히 요구할 수 있는 필수 불가결한 권리, 일종의 담보물로 인정되었다. 노동력에 대한 개념이 이렇게 바뀌지 않았다면 문명의 발전도 없었을 것이다.

하지만 노동은 언제나 가치 있는 것으로 평가되지는 않았다. 과거에 노동은 하층민과 동일시되었고, 가난한 사람들에게 떨어진 일종의 저주로 간주되었다. 반면에 전쟁, 사냥, 춤, 지배와 같은 귀족층의 삶의 양식이 찬양되었다. 바람직한 삶을 사는 사람들은 일을 하지 않았으며, 일을 하지 않는 것을 자랑으로 여겼다. 귀족 여성의 손은 섬섬옥수 같아야 했다. 가사노동으로 손에 못이 박히면 안 되었던 것이다. 귀족 여성들은 얼굴을 새하얗게 유지해야했다. 그래서 매일 햇볕에 그을리는 가난한 시골 아낙네의 얼굴과 확연히 구별되었다.

13세기가 시작되면서 변화가 일어났다. 부르주아 계층이 부각되면서 다음과 같은 사실이 중요하게 인식되기 시작했다. 인간은 일을 해야 하고 책임의식을 가져야 한다, 인간은 자신의 노력으로 사업을 일으킬 수 있어야 한다.

19세기에 접어들어서는 이러한 생각이 모든 사람들에게 강요되었다. 그러나 이에 대한 반동으로 지난 세기 말의 게으름을 재평가하려는 움직임도 있었다. 우리는 우리가 과거에 내팽개쳤던 귀족의 생활로 되돌아가고자, 적어도 어느 정도 닮아보고자, 애를 쓰기도 했던 것이다.

노동을 통해 번 것이든 그렇지 않은 것이든 돈은 새로운 계층 구조를 만들어냈다. 이제는 혈통보다는 은행 계좌의 잔고로 사람을 평가하게 되었다. 이제 영악한 사업가들이 전쟁무기의 사용에까지 간여하게 되었고, 전쟁무기는 상업적 이익을 방어하기 위한 수단으로 자주 사용된다.

야훼가 법을 제정할 당시에는 생각지도 못했던 새로운 일거리가 쏟아져 나오고 있다. 나는 항상 이런 질문을 던진다. 우리가 근대화라는 과정을 거쳐 자본가가 되는 것이 반드시 필요한 일인가? 또 이런 질문도 던진다. 도저히 변할 것 같지 않는 이러한 과정을 도대체 우리는 어떻게 평가해야 하는가?

그렇지만 사람이라고 해서 모두 같은 것은 아니다. 아직 문명화되지 않았다고 여겨지는 사람들은 하루에 잠시 동안만 일을 한다. 그들은 사는데 많은 것을 필요로 하지 않는다. 또 그들은 미래에 닥칠지도 모르는 어려운 문제에 대해 고민하지도 않는다. 그들에게 넘쳐나는 것이 있다면 그것은 자유시간이다. 그들은 그 시간을 이용해 삶을 즐기거나 혹은 그저 아무 일도 안하고 빈둥거린다. 경제문제 전문가들은 그 사람들이 궁핍한 생활을 한다고 주장한다. 그러나 경제학자들이 모르는 것이 있다. 그 사람들은 게으름만큼은 백만장자들이다. 게으름은 이 시대에 가장 소중한 재산 중의 하나이다. 경제학자들에 대한 재미있는 글이 하나 있다. 19세기에 스코틀랜드 작가 토마스 칼라일은 경제학자들을 이렇게 논했다. "경제학자들은 암담한 학문에 종사하는 존경받을만한 학자들이다." 잠깐만 생각해봐도 이런 결론에 도달할 수 있다. 경제학은 그 골수에서부터 암담하고도 암담한 학문인 것이다. 노동 그 자체를 한번 생각해보라.

나초 두아토

우리는 지금 게으름이 노동보다 훨씬 피곤한 시대를 살고 있다. 예를 들어보자. 사람들은 휴가철만 되면 쉬는데 금방 질려버린다. 휴식으로부터 휴식을 취할 수 있는 방도를 개발해내야 할 판이다.

우리 시대는 '게으름의 혁명'이라고 할만한 시대다. 이제 '게으름의 혁명'은 하나의 이상이 되었고, 대부분의 사람들이 처할 운명이 되었다. 같잖은 말처럼 들릴지도 모르겠지만, 요

즘의 게으름은 생산 활동과 밀접하게 연관되어 있다. 사람들은
게으름을 피우는 순간에도 뭔가를 소비하기 때문이다. 사람들
은 돈을 벌기 위해 열심히 일한다. 그래서 휴가철이 되면 별장
으로 놀러간다거나 이런저런 유흥비다 해서 그 돈을 몽땅 써버
리는 것이다.

사람들은 일을 하지 않아도 되는 한가한 때 사용하기 위해
돈을 모은다. 그러나 그 돈이 문화적인 일에 소비되지 않으면
그 돈의 효용가치는 전혀 없게 된다. 문화는 사람들이 한가한
시간에 즐기는 것이다. 문화는 노동 생산성을 향상시켜줄 뿐만
아니라, 일을 하지 않아도 되는 한가한 때에 사람들이 다른 창
조ㆍ재창조 행위를 할 수 있도록 돕는다. 문화는 인간 개개인
이 자신의 취미 생활을 한껏 즐길 수 있도록 해준다. 사람들이
자신에게 필요한 것을 사지 않고 직접 만들 수 있는 기쁨을 선
사하는 것이다.

교양이 있는 사람과 교양이 없는 사람은 확실하게 구분된다.
교양이 없는 사람은 직접 무언가를 만들어낼 능력이 없기 때문
에 모든 것을 돈으로 사야 한다. 따라서 한가한 시간이 주어지
면 더 많은 돈을 써야한다. 자급자족할 수 있는 생산능력이 없
는 국가를 생각해 보라. 이 나라의 재화는 다른 나라에서 물건
을 사들이기 위해 나날이 고갈되어 간다.

교양이 있는 사람은 한가한 때를 이용하여 자기의 잠재능력
을 개발할 수 있다. 교양 있는 사람은 주변에 있는 것을 이용할

수도 있다. 즉 책을 읽는다거나 음악을 들을 수도 있다. 그렇게 해서 한가한 시간을 가치 있는 시간으로 만들어 가는 것이다. 자신의 지식이나 기억이나 감성을 이용해 매일 하는 일과는 다른 어떤 것을 창조해내는 것이다.

우리는 다음과 같은 점을 명심해야 한다. 교육은 단지 직업이나 직장을 위해 이루어져서는 안 된다. 한가한 때를 대비한 교육도 이루어져야 한다. 창조적인 능력을 키워줘야 한다는 말이다. 이런 교육이 이루어져야 그저 낭비하고 소비하는 생활로부터 벗어날 수 있다. 교육을 받지 못한 사람들을 생각해 보라. 한가한 때가 주어져도 그저 낭비하고 소비만 하고 있지 않은가.

루이스 데 세바스티안은 이렇게 설명한다. "세 번째 계명의 의미는 이렇다. 일이란 고상하게 살기 위해 하는 것이다. 그러니 전적으로 일에만 매달려 살아서는 안 된다. 또한 우리는 숭고한 이상을 위해, 이웃을 위해, 그리고 자기 자신의 고상한 삶을 위해 살아야 한다. 인간답게 살기 위해서는, 자신에게 주어진 능력을 최대한으로 발휘하며 살기 위해서는 휴식과 게으름이 반드시 필요하다. 이런 의미에서 볼 때, 세 번째 계명은 우리에게 게으름을, 놀이를, 오락을, 스포츠를, 예술을 즐기라고 명령하는 것으로 볼 수 있다. 한 마디로 인생을 즐기라는 것이다. 영원한 지옥 불에 떨어지지 않으려면 주일마다 미사에 참석해야 한다는 부담스러운 위협 이상의 의미가 있는 것이다."

우리는 우리가 노동을 통해 과연 무엇을 얻고자 하는지 생각해보아야 한다. 우리는 일주일 중 엿새를 일하고 하루는 쉰다. 우리는 천국과 지옥을 생각해본다. 그리고 어느 촌사람처럼 이렇게 자문한다. "도대체 이게 다 무슨 일이여?" 이런 생각에 잠기는 그 순간이 바로 휴식시간인 것이다.

현대화, 실업, 사회적 불평등

20세기가 시작되면서 공상과학 소설가들과 공상적 이상주의자들은 일을 하지 않아도 되는 사회를 꿈꾸기 시작했다. 갈수록 일하는 시간이 줄어들고, 휴식과 창조행위와 놀이를 즐길 수 있는 시간이 늘어나는 그런 사회를 꿈꾸었다.

그와 비슷한 사회가 도래하기는 했다. 그러나 그 사회는 처음 예상과는 달리 아주 끔찍한 사회였다. 우리는 지금 게으름을 피워도 되는 그런 사회에서 살고 있는 것이 아니라 일거리가 떨어진 사회에서 살고 있다. 우리 사회에는 아주 열심히 일하는 사람들이 있다. 그러나 이 사람들은 다른 사람들에게 일자리를 빼앗기지 않기 위해, 그러니까 자신들의 일자리를 지키기 위해 열심히 일을 하고 있을 뿐이다. 이 사람들은 휴식조차도 거부한 채 엄청난 시간을 일에 쏟아 붓고 있다.

한편 일거리가 전혀 없는 사람도 수백만이나 된다. 이 사람들은 직업도 없이, 운이 좋은 경우 사회복지시설에 의존해, 겨우겨우 살아간다. 많은 나라가 같은 형편이다. 단지 일거리를 구할 방도가 없기 때문에 많은 사람들이 가난하게 살아가는 것이다.

이런 어처구니없는 현상 때문에 게으름에 대한 의미도 변하게 되었다. 이제 게으름은 휴식을 의미하지 않는다. 이제 게으름은 그저 시간을 낭비하고 허비하는 것을 의미한다. 그래서 사람들은 일을 할 때보다 게으름을 피울 때 더 많은 스트레스를 받게 된다. 그런 대로 잘 산다는 느낌을 갖기 위해서는 많은 것들이 필요한데, 그 모든 것을 어디에서 어떻게 구할지 생각하게 되는 시간이 바로 한가한 때이기 때문이다.

불균형하게 배분된 일자리 때문에 과도한 일에 치여 죽는 사람이 있는가 하면 배가 고파서 혹은 절망감 때문에 죽는 사람도 있다. 일거리가 없어 사회 구성원으로서의 자격을 박탈당하게 되면 절망감에 빠지게 되는 것이다.

무슨 이유로 일자리는 불균형하게 배분되는 것일까? 무슨 이유로 이 불균형은 치유되지 못하는 것일까? 이 시대를 사는 사람들은 생산 활동에 참여하는 것에서뿐만 아니라 사회에 소속되는 것에서도 행복을 느낀다. 사람들은 먹고살기 위해 일을 필요로 한다. 그러나 그뿐만이 아니다. 사람들은 자신이 속한 사회에서 유용한 존재로 인정받기 위해서도 일을 필요로 한다.

21세기가 해결해야 할 경제적·사회적·정치적 문제들 중

하나는 일자리를 균등하게 배분하는 것이다. 이 지구상에는 일
자리가 많은 나라도 있고 어쩔 수 없는 상황 때문에 일자리가
없는 나라도 있다. 이 나라들 사이의 골이 더 깊어지지 않게 하
기 위해 우리는 반드시 일자리를 균형 있게 배분해야 한다.

마리오 베네데티

옛날에는 노동이 매우 고단했을 것이다. 그러나 일을 하는
사람은 적어도 자신이 하는 일에서 주인의식을 가졌을 것이다.
자신이 노력을 기울인 일이 열매를 맺는 것을 지켜보았을 것이
다. 다시 말해 자기 손으로 구체적인 무엇인가를 만들어냈을
것이다.

그러나 현대의 노동은 이와 전혀 다르다. 요즘의 노동자들은
진이 빠지도록 힘써 일해도 자신들의 노동의 결과물을 보지 못
한다. 요즘의 노동자는 겨우 나사 하나를 조이거나 한쪽 귀퉁
이를 살짝 비틀거나 할 뿐이다. 결과물은 한참 뒤에 노동자의
눈이 미치지 못하는 곳에서 불쑥 튀어나온다.

요즘의 노동자는 공허감을 느낀다. 자신이 마치 자동인형처
럼 느껴지는 것이다. 노동자는 자신이 무엇을 만드는지 결코
알 수 없다. 노동자는 수백 가지 비슷한 동작 중 한 동작을 수행

할 뿐인 것이다. 컨베이어 시스템을 갖춘 현대화된 작업장은 일종의 감옥과도 같다. 이런 분위기는 한 편의 영화에서 생생하게 표현되었다.

찰리 채플린의 영화 〈모던 타임스〉는 우리에게 엄청난 충격을 안겨주었다. 프리츠 랑의 영화 〈메트로폴리스〉에서 볼 수 있었던 노예들의 행렬도 우리 기억 속에 생생하게 남아 있다. 이 영화는 아무리 자주 보아도 처음 보았을 때의 충격을 고스란히 되살려준다. 이 영화들이 이야기하고자 하는 내용은 다음과 같다. 노동은 작업과정에서 소외되었다, 이제는 노동을 해도 보람을 찾을 수 없다, 노동자는 일개 로봇으로 전락했다. 캐럴 케펙이 만들어낸 '로봇'이라는 단어에는 심오한 뜻이 담겨 있다. '로봇'은 '강제적으로 일하는 노동자'를 의미한다. 위 두 영화는 로봇과 같이 살아가는 노동자들을 묘사하고 있는 것이다.

기계, 실패로 돌아간 꿈

기계가 인간을 노동에서 해방시켜 주리라, 기계가 노예처럼 모든 일거리를 떠맡게 되면 우리 인간은 한가한 시간을 이용해 창조적인 일에 매진할 수 있으리라. 이것은 인류의 오랜 숙원 중의 하나였다. 많은 공상과학 소설과 사회학 서적이 인간을

얽어매고 있는 노동이라는 사슬을 기계가 끊어주는 그런 사회
를 묘사해왔다.

그러나 현실은 이와 전혀 다르다. 이 지구상의 몇몇 선택받
은 지역에 사는 사람들은 실제로 일련의 노동으로부터 해방되
었다. 그러나 그 사람들도 다른 일에 얽매여 있다. 기계는 우리
인간이 할 수 있는 일의 범위를 넓혀주었다. 하지만 그와 동시
에 우리 인간이 해야 할 일과 우리의 노동 시간을 배가시키기
도 했다. 또한 사회적인 문제도 훨씬 많아졌다. 노동 시간이 줄
어들면서 실업자가 늘어나게 되었던 것이다. 실업문제를 해결
할 수 있는 방법은 아직까지 없다.

기계는 균형 있는 일자리 분배에 아무런 도움을 주지 못했다.
기계 때문에 어떤 사람들은 더 많은 일을 떠안아야 했고, 또 어
떤 사람들은 그나마 가지고 있던 일자리를 빼앗겨야 했다.

기계 그 자체는 사회문제를 해결할 수 없다. 바로 우리 인간
이 기계를 이치에 맞게 사용하여 사회문제를 해결해야 한다.
해결책이 있을 수도 있다. 임금을 줄이지 않고 노동시간을 줄
이면 좀더 많은 사람들에게 일자리를 제공할 수 있을 것이다.
일정한 시간을 주기로 일을 번갈아 가면서 하는 것도 해결책이
될 수 있을 것이다. 몇 년을 주기로 안식년을 주면 많은 사람들
이 돌아가며 일자리를 구할 수 있을 것이다. 이제는 다른 방법
을 강구해야 할 때가 아닌가 싶다. 굳이 노동을 통하지 않고도
생활비를 벌 수 있는 그런 방법을 말이다. 한 사회의 일원이라

는 이유만으로 최저임금을 지급하는 것도 한 가지 방법이 될
수 있을 것이다. '시민으로서의 최저생활'을 위한 '기본연금'
을 지급하는 것이다. 실업수당이나 빈곤수당은 해결책이 될 수
없다. 일을 하든지 하지 않든지, 지금 상황이 어떻든 상관없이
보조금을 지급할 수 있는 경제적 기반이 조성되어야 한다. 이
러한 기본연금이 보장되면 사람들은 노동시간을 조절할 수 있
고, 일하는 시기와 휴가를 즐기는 시기를 조절할 수 있고, 또
무보수로 자원봉사도 할 수 있게 될 것이다.

기본연금은 여러 가지로 생각해볼 수 있다. 적당한 선에서
정할 수도 있고, 최저 혹은 최고로 정할 수도 있다. 하지만 여
기서도 복잡한 문제를 피할 수는 없을 것이다. 이렇게 하자면
현재 시행 중인 사회보장 시스템과 국가의 예산정책을 변경해
야 하기 때문이다. 지금 가장 시급한 문제는 일자리를 최대한
균형 있게 배분하여 실업문제를 완화시키는 것이다. 그리고 반
드시 필요하지만 임금을 받지 못하는 주부의 가사노동과 같은
일을 제대로 평가해주어야 한다. 임금이 보장되는 일자리를 각
개인이 자신의 희망에 따라 선택하게 하는 것도 참신한 방법이
될 수 있다. 그렇게 되면 야훼가 자신에게 복종하지 않는 인간
(아담과 하와)에게 내렸던 저주는 사라지게 될 것이다.

물론 전문가들의 귀에는 좋지 않게 들릴 소리다. 그렇지만
경제학 전문가가 아닌 사람이 하는 말이니 이해해주기 바란다.
연금에 마이너스 세금을 부과해야 한다고 주장한 사람은 바로

경제학 전문가—신자유주의 경제학자 밀턴 프리드먼—였다. 사람들은 누구나 수입에 따라 세금을 납부한다. 그런데 그 수입이 최저일 때에는 세금을 내는 대신 세금을 돌려받아야 한다는 것이다.

마르코스 아기니스는 이렇게 설명한다. "노동은 일종의 축복이다. 우리는 노동을 통해 마음을 정리하고, 재창조되고, 영감을 받는다. 마음에 드는 노동도 있고 마음에 들지 않는 노동도 있다. 일거리가 전혀 없다고 치자. 그건 아주 불행한 상황이다. 아주 풍요로운 나라 사람들은 법령에 의해 실업수당으로 살아간다. 부모 세대와 자식 세대가 대를 이어 실업수당만으로 살아가는 나라도 있다. 인간인 나로서는 도저히 이해할 수 없는 현상이다. 나는 어떠한 경우라도 인간은 노동을 필요로 한다고 말하고 싶다."

마음에 쏙 드는 계명

야훼와 모세는 전혀 생각하지 못했겠지만 우리는 지금 노동을 강요하는 세상을 살고 있다. 노동은 살아가는데 필수 불가결한 요소이다. 그래서 인간의 의무 사항에 굳이 노동을 포함시킬 필요도 없었다.

세 번째 계명은 우리 인간이 싫어하는 것을 막아주는 유일한 계명이다. 계명은 말한다. 일하지 말라. 그 누가 이 계명을 싫어할 수 있겠는가. 아주 기분 좋은 계명이며 따르기도 가장 쉬운 계명이다. 안식일을 거부할 사람은 아무도 없을 것이다. 안식일을 거룩하게 지키라고 표현되어 있기는 하지만 그 속에 담긴 뜻은 그게 아니다. 너를 위해, 너 자신의 취미 생활을 위해, 생산 활동에만 매달리지 말고 너 자신을 개발하기 위해 하루를 사용하라는 뜻이다. 십계명 중에서 가장 마음에 쏙 드는 계명인 것이다.

첫눈에 보기와는 달리 이 계명에는 많은 뜻이 함축되어 있다. 우리는 이 계명을 노동과 관련하여, 휴식과 관련하여, 삶 그 자체의 의미와 관련하여 생각해보아야 한다. 한 마디로 말해서 이 계명은 심오한 뜻을 내포하고 있는 것이다. 단순하게 일주일 중 하루는 의무적으로 쉬어야 한다고 해석해서는 안 되는 것이다.

너희는 부모를 공경하여라

04

천지만물의 아버지인 주님이
작가의 푸념에 귀를 기울이다

주님은 '부모를 공경하라'고 명령하셨습니다. 제대로 태어난 사람이라면 천성적으로 자기 부모를 사랑하게 마련입니다. 부모가 자식을 사랑하는 것과 같은 이치입니다.

자식들은 자기 부모를 세상으로 들어가는 통로로 생각합니다. 부모를 공경하라. 좋은 생각입니다. 그러나 이 말은 잘못 이해될 소지도 있습니다. 어떤 부모들은 '부모를 공경하라'는 말을 잘못 이해해 자신들의 권위를 절대적인 것으로 생각합니다. 자식들은 부모의 말에 맹목적으로 복종해야 하며 부모의 변덕을 참아내야 한다고, 그렇게 생각하는 것입니다. 자신들이 원했지만 이룰 수 없었던 꿈을 자식들에게 강요하는 부모도 있습니다. 자신들의 꿈과 희망을 이루기 위한 수단으로 자식들을 이용하는 부모도 있다는 말입니다.

주님이 원래 원하셨던 바와는 달리, '부모를 공경하라'는 이 계명은 종종 부정적인 결과를 가져왔습니다. 주님이 영화관을 자수 찾으시는지 어떤지 저는 모릅니다. 그러나 제7의 예술이라는 영화를 주님께서 좋아하신다면 알프레드 히치콕 감독이 연출한 〈사이코〉라는 유명한 영화를 기억하실 겁니다. 이 영화는 철부지 어린아이의 어머니에 대한 맹목적인 사랑이 어떤 문제를 가져올 수 있는지 생생하게 보여주고 있습니다. 물론 저는 주님의 생각에 찬성합니다. 그러나 다른 계명과 마찬가지로 이 계명 역시 손을 좀 봐야하지 않을까 싶습니다.

한 가지 유념해 두십시오. 주님이 이 계명을 세우신 시대와 요즘 시대는 너무나 다릅니다. 요즘은 어른을 공경하라는 말이 거의 효력을 잃고 말았습니다. 아시는지 모르겠지만, 지금 세상은 청소년들의 구매욕구에 따라 시장의 판도가 변하는 세상입니다. 지금은 청소년들이 중요합니다. 그들이 주요 고객이기 때문이지요. 잠깐만요……. 모든 것이 청소년을 중심으로 이루어집니다. 청소년을 고려하지 않고는 일이 이루어지지 않습니다. 자기 자식들과 격의 없이 지내기를 원하는 부모도 많습니다. 자식들은 부모들을 마치 손위 형제자매처럼 대합니다. 기가 막히십니까……. 저도 알고 있습니다. 주님이 시나이 산에서 계명을 내려주셨을 때는 노인들이 공경을 받았습니다. 그러나 이제 모든 것이 변했습니다. 어느 누구도 아버지가 되기를 원하지 않습니다. 아버지가 되면 금방 늙어버린다나 어쩐다나. 어느 누구나 영원한 청춘을 희망합니다. 요즘은 젊음을 잃는 것을 지독한 병에 걸린 것으로 치부합니다. 이 계명에 비추어볼 때 요즘 사람들의 행실과 관습은 문제가 될 수밖에 없습니다.

루이스 데 세바스티안은 유대 민족이 이 네 번째 계명을 마련할 당시의 상황을 다음과 같이 설명한다. "모세는 통일된 단일 민족을 만들려고 노력했다. 모세는 사회질서를 유지하는데 있어 가족이 기본적인 요소라는 것을 분명히 알고 있었다. 부권(父權)은 각 개인을 정치적·종교적 권위에 속박시키는 중간 매개물이었고, 정치적·종교적 권위는 각 개인으로 이루어진 대중을 하나로 묶어주었다. 부모를 공경한다는 것은 기본적으로 자식들에 대한 부모의 권위를 인정한다는 것이다. 다시 말해 다음과 같은 사실을 인정한다는 것이다. 우리 부모는 우리에게 명령을 내릴 수 있다, 우리는 의무적으로 부모의 명령에 복종해야 한다."

그러나 작가 마르틴 카파로스[14]는 이 네 번째 계명에서 몇 가지 문제점을 발견했다. "이 계명은 좀 이상하다. 아버지와 어머니를 공경하는 것은 아주 자연스러운 일이기 때문이다. 자연스럽게 이루어지는 일을 굳이 계명을 내세워 강요하고 있다는 사실은 그렇지 못한 사람들이 있었다는 얘기다. 즉 부모를 공경하지 않는 자식들이 있었다는 얘기다. 내 생각에는 그 시대에 그런 사람들이 많았던 것 같다. 가계를 유지하고 재산을 상속하기 위해서는 가족이라는 개념이 정확히 규정되어야 했을 것이다. 그런데 모세가 시나이 산에서 계명을 받아들고 내려올 때에는 가족 개념이 명확하지 못했을 것이다. 내 생각은 이렇다. 십계명은 우리 인간이 지켜야 하지만 실제로 지켜지지 않는 일을 언급하고 있다. 그 시대 사람들은 자신들의 부모를 공경하지 않았던 것이다. 별로 새삼스러울 것도 없는 일이다. 우리는 이런 말을 자주 듣는다. ‘요즘 아이들은 어른을 공경할 줄 몰라.’ 나 역시 부모님에게서 이런 소리를 자주 들었다. 우리 부모는 지금도 자식들에게 이런 소리를 자주 늘어놓고 있다.”

우리는 어린 시절 내내 부모의 보호 밑에서 자란다. 우리 부모는 우리를 간섭하기도 하고 우리의 책임을 떠안기도 한다. 우리에게 문제가 생기면 해결해주고, 사는데 필요한 것을 공급해주고, 심지어 우리의 죽음조차도 책임진다. 우리 부모는 우리에게 성벽과 같은 존재다. 우리는 그 성벽에 의지해 자라난다.

그러나 어느 순간에 이르면 부모는 보호자로서의 손길을 점점 거두게 되고, 이윽고 우리에게서 완전히 손을 떼게 된다.

이제 우리 자신이 부모가 되었다. 우리는 우리 자식들을 보호하기 위해 전면으로 나서야 한다. 이제 우리를 보호해주었던 성벽은 사라졌다. 우리는 사는데 필요한 모든 것, 고통, 심지어 죽음까지 우리 자신이 감당해야 한다. 아주 극적인 순간이다. 우리는 이제 어른이 되고 부모가 된 것이다. 우리 차례가 된 것이다. 우리는 잘하든 못하든 우리에게 주어진 임무를 완수해야 한다.

부권(父權)의 가장 큰 특징 중의 하나는 자식들을 복종시키는 것이다. 부모로서의 책임에 대한 반대급부로 권리가 주어진 것이다. 부모는 어떤 식으로든 권위를 나타내야 한다.

그러나 부모의 권위를 전횡 또는 독재와 혼동해서는 안 된다. '권위(autoridad)'라는 단어는 라틴어 '아욱토르(auctor)'에서 파생되었다. '아욱토르'라는 단어는 '자라게 하는 것 혹은 자라게 돕는 것'을 의미한다. 따라서 우리는 '권위'의 뜻을 '잘 자라도록 돕는 것'이라고 정의할 수 있다. 부모의 권위는 독재와는 전혀 다르다. 독재자는 자신이 지배하고자 하는 사람들을 언제까지나 어린아이 상태로 유지하려고 한다. 진정한 자유는 자식이 그 자유를 쟁취할 수 있도록 전적으로 도와주는 것이다.

자유를 신장시키기 위해서는 기본적으로 교육이 필요하다. 그러나 교육에서도 문제가 발생한다. 아버지든 선생이든 가르치는 자는 가르침을 받는 자가 그 슬하를 떠나 자립할 수 있도록 도와주어야 한다. 그러나 가르치는 자도 내적인 갈등을 겪을 수 있다. 자기가 가르치는 자를 자기 곁에 붙잡아두고 싶어 할 수도 있다는 말이다. 어쩌면 이렇게 말할지도 모른다. "좋아…… 이 놈이 독립하지 못하도록 건성건성 가르치는 거야. 그러면 감히 내 곁을 떠나지 못하겠지." 따라서 교육의 성공 여

부는 가르침을 받은 자가 독립했느냐 못했느냐 하는 것으로 판
가름 난다.

실제 부모가 아닌, 그러니까 영적으로 혹은 예술적으로 맺어
진 부자관계도 있다. 우리는 자주 이렇게 말한다. "선생님은 제
게 아버지와 같은 존재셨습니다." 참으로 편리한 관계다. 우리
는 별 큰 잘못 없이 아버지를 내치기도 한다. "지금까지 고마웠
습니다. 당신은 이제 더 이상 내 아버지가 아닙니다. 다른 아버
지를 찾아보겠습니다." 우리는 아버지라는 존재를 마치 자동차
바꾸듯 갈아 치우기도 한다. 예술 분야를 예로 들어보자. 누군
가로부터 커다란 영향을 받은 사람이 있다고 치자. 이 사람은
자신에게 영향을 끼친 사람을 아버지로 여긴다. 여기서 이 사
람이 그 아버지를 공경하느냐 하지 않느냐 하는 것은 별로 중
요하지 않다. 이 사람은 아버지를 배반할 수도 있다. 예술 분야
에서의 배반은 종종 커다란 변화와 위대한 혁명을 가져오기도
한다. 스승을 능가하겠다는 의욕이 넘치다보면 배반도 가능한
것이다.

어쨌든 부모의 권위는 대단히 어려운 문제다. 권위를 사용하
다보면 넘칠 수도 있고 부족할 수도 있다. 두 경우 모두 자유를
향한 길목을 가로막는다.

　너희는 부모를 공경하여라. 하지만 우리는 아버지와 어머니를 동등하게 공경할 수 있을까? 시대에 따라 상황이 달랐다. 우리는 오랜 세월 부계중심사회를 이루며 살아왔다. 그런 사회에서는 그 무엇보다 아버지가 공경의 대상이었고 어머니는 주변으로 밀려났다. 그러나 모계중심사회가 주를 이룬 시대도 있었고, 지금도 몇몇 부족은 어머니를 중심으로 살아간다. 이런 사회에서는 어머니가 중심이었으며 아버지는 이차적인 존재였다.

　이 점에 대해 에밀리오 코르비에르는 이렇게 말한다. "우리는 모계중심사회와 부계중심사회를 두루 거치며 살아왔다. 모두 지배를 위한 수단이었다. 계급과 관련된 문제도 있다. 자식들은 부모와 잘 지내다가도 어느 순간에 이르면 부모를 거부해야 한다고 나는 생각한다. 현대교육과 정신분석학이 이 점을 설명해줄 것이다. 세대교체는 성화를 봉송하는 것과 비슷하다. 구세대가 신세대에게 성화를 넘기는 것이다. 그러나 이 네 번째 계명을 지키기 위해서는 세대간의 연대의식이 반드시 필요하다. 이 계명이 씌어진 시대를 고려해볼 때, 이 계명은 세대간의 연대의식을 강조하기보다는 부모의 권위를 강조한 것 같다. 모세의 율법은 기본적으로 강압적인 성격을 띠고 있다."

부모를 공경하는 일은 우리가 마땅히 지켜야할 의무임에는 틀림없다. 그러나 부모가 없는 사람, 부모가 누군지 모르는 사람, 부모의 존재를 확인할 수 없는 사람은 부모공경을 의무로 받아들이기 힘들 것이다.

요즘은 과학이 발달해서 천성적으로 자식을 가질 수 없는 부부도 인공수정을 통해 자식을 가질 수 있게 되었다. 그러나 이 방법은 갈수록 비정상적으로 남용되고 있다. 배우자가 없는 사람들, 독신 여성, 여자끼리 맺어진 부부 혹은 남자끼리 맺어진 부부가 어린 아이를 가지기로 결정한다고 치자. 이 아이는 일찌감치 아버지 혹은 어머니가 없는 아이로 자라게 될 것이다. 우리는 지금 부모는 문화의 산물로 부모가 없이도 살 수 있다고 주장하는 시대를 살고 있다. 이러한 상황을 고려해볼 때 나는 이 계명을 좀 색다르게 해석하고 싶다. 우리에게는 아버지와 어머니를 가질 권리가 있다, 우리에게는 부모에게 의지할 권리가 있다.

살다보면 이런저런 이유로 아버지를 혹은 어머니를 잃을 수도 있고, 양부모를 맞이할 수도 있다. 우리는 절대로 고아를 양산해내서는 안 된다. 우리에게는 아버지가 혹은 어머니가 없는 아이를 태어나게 할 권리가 없다. 아이들은 단순한 부속물이 아닌 것이다.

나는 이렇게 생각한다. 우리는 원래 아버지와 어머니로부터 동시에 사랑 받을 권리를 가지고 태어난다. 어느 누구도 우리에게서 이러한 권리를 빼앗아갈 수 없다. 따라서 나는 다음과 같이 주장한다. 이 계명에는 한 가지 사항이 반드시 보충되어야 한다. 부모를 공경해야 한다는 의무에 우리가 공경할 수 있는 부모를 가질 수 있는 권리가 반드시 동반되어야 한다.

젊음과 그 가치

오랜 세월 동안 노인들은 사회에 아주 유익한 존재들이었다. 노인들의 재산은 바로 경험이었다. 노인들은 살아 움직이는 교과서였고, 상황에 따라 자신의 능력을 발휘했다. 문자가 없던 부족에서는 경험 많은 사람들이 훌륭한 조언자 역할을 했다. 여러 가지 다양한 경험을 한 노인들은 해야 할 일과 하지 말아야 할 일을 결정할 수 있는 사람으로 여겨졌다.

문자가 발명되면서 지식과 기록과 전설이 개개인의 기억보다 더욱더 견고한 위치를 차지하게 되었다. 그러나 노인들은 삶의 경험으로 터득한 여유로 긴급한 상황에 원만하게 대처해 나갔다. 그래서 사회공동체는 노인들의 충고에 귀를 기울이게 되었고, 노인들은 지도자가 될 수 있었다.

고대에는 노인들이 권력과 직접 연관되어 있었기 때문에 아주 중요했다. 원시인들은 이렇게 생각했다. 아버지의 아버지의 아버지 세대는 지금의 아버지 세대보다 힘도 더 세고 더 지혜로웠을 것이다, 그 사람들은 신의 동료 혹은 친족이었을 것이다, 신으로부터 영감을 받아 우리 조상이 옳다고 인정한 것은 현재를 사는 개개인이 옳다 그르다 따질 수 없다, 우리는 그들보다 훨씬 미약한 인간일 따름이다.

호세 마리아 블라스케스는 이 점에 대해 이렇게 설명한다. "고대 세계의 모든 문화에서 아버지와 어머니를 공경하는 것은 일종의 의무였다. 유대인 입법자(모세)는 그러한 규범에 다만 종교적 성격을 가미했을 뿐이다. 바로 그 순간부터 부모를 공경하라는 명령을 내린 존재를 야훼로 여기게 된 것이다. 그러나 이 계명은 부모뿐만 아니라 조부모, 친족 어른, 먼 친척뻘 되는 어른까지 모두 아우른다. 공경한다는 것은 필요할 때 도와주고, 병이 나면 보살펴주고, 혼자 살 능력이 없으면 함께 모시고 살아야 한다는 것을 의미했다. 네 번째 계명에는 사회적·경제적 의미가 함축되어 있는 것이다."

그렇지만 우리 시대는 갈수록 경험을 하찮은 것으로 생각한다. 심지어 경험을 일종의 장애물로 여기기까지 한다. 노동 현장을 살펴보자. 신식이든 구식이든 기계를 다뤄본 경험이 없는 사람이 구식 모델을 다뤄본 경험이 있는 사람보다 최신 발명품을 훨씬 더 자유자재로 다룬다. 구식 기계에 익숙해 있는 사람은 새로운 기계에 쉽게 적응하지 못하는 것이다. 게다가 노동

현장에서 일해 본 경험이 없는 사람은 노동자의 권리 따위를 의식하지 않기 때문에 오히려 일과 직장에 수월하게 적응한다. 반면에, 나이가 지긋하고 자신이 하는 일을 잘 알고 있는 사람은 고용주와 자주 다투게 된다. 고용주의 말을 고분고분 따르지 않기 때문이다. 그래서 경험이 풍부한 경력자는 좀처럼 찾는 사람도 없고 쉽게 받아들여지지도 못한다.

시인이면서 신부인 우고 무히카[15]는 이렇게 말한다. "우리 문화는 노인을 무시하고 지혜를 하찮게 여긴다. 우리 시대는 삶의 문화를 등한시하고 기능만을 중요시한다. 지혜는 살아가는 방법을 알려주지만, 기능은 기술적인 문제를 해결해줄 뿐이다. 고대의 노인들은 삶의 지혜를 터득하고 있었기 때문에 공경 받을 수 있었다."

젊다는 것은 그 자체로 가치가 있다. 우리는 나이가 드는 것을 병으로 간주하는 경향이 있다. 우리는 젊음의 가치를 잘 알고 있다. 힘, 아름다움, 민첩성, 자발성. 장년이나 노년은 꿈도 꿀 수 없는 자질이다. 사람이 장년이나 노년으로 접어들게 되면 긍정적인 가치를 모조리 상실하게 되는 것이다.

사람은 나이가 들어감에 따라 점점 가치를 상실해 간다. 이러한 상황은 아돌포 비오이 카사레스의 『돼지 전쟁 일지』라는 소설에 기가 막히게 표현되어 있다. 나이 든 사람들은 점점 한쪽 구석으로 몰리다가 끝내 파멸하고 만다. 우리 사회는 지금 영원한 젊음을 향해 나아가는 것 같다. 실로 위험한 상황이다.

어쨌든 네 번째 계명에도 한계는 있다. 랍비 이삭 사카는 이렇게 설명한다. "부모에게 복종하고 부모를 공경하라는 명령이 육체와 정신을 지닌 나 자신에게 불리하게 작용한다면, 나는 내 부모를 공경하는 의무를 저버릴 것이다. 우리는 마땅히 우리 부모를 공경해야 한다. 하지만 우리는 부모의 꼭두각시 노릇을 하면서 살 수는 없다. 우리 부모의 노예가 될 수는 없다는 말이다. 탈무드의 설명을 들어보자. 공경한다는 것은 노령의 부모를 공양한다는 것이지 부모들의 인생을 대신 살아준다는 것이 아니다. 우리는 부모를 공손하게 대해야 한다. 그렇다고 해서 아버지가 골라주는 직업을 선택해야 한다거나 부모 마음에 드는 신부를 받아들여야 한다는 것은 아니다."

이 점에 있어서 루이스 데 세바스티안은 이렇게 덧붙인다. 부모와 자식은 가족을 부양하는 책임을 나누어 가져야 한다. "대부분은 부모는 이러한 책임을 기꺼이 받아들인다. 그러나 그 대신 엄청난 대가를 요구한다. 부모는 자식들에게 철저한 순종과 맹목적인 복종을 요구한다. 부모는 자식들의 주인이 아니다. 자식 또한 부모의 신하도 노예도 아니다. 우리는 명심해야 한다. 부모와 자식간의 관계는 사랑을 토대로 해서 이루어진다. 사랑이 있으면 서로를 이해할 수 있고, 서로를 존경할 수 있고, 서로를 용납할 수 있고, 서로에게 맞추어나갈 수 있다."

루이스 데 세바스티안은 이런 점도 빼놓지 않고 지적한다. "부모가 자식을 보호해주는 시기가 끝나면, 자식이 부모에게 감사를 표하고 보상을 해주어야 할 시기가 온다. 생물학적인 조건이 뒤바뀌는 것이다. 일정한 시기가 지나면 자식들은 강해지고 부모들은 약해지는 것이다……."

마르코스 아기니스의 의견도 루이스 데 세바스티안의 의견과 유사하다. "옛날에 우리 부모들은 권위주의적인 태도를 유지하며, 자식들은 부모의 명령에 맹목적으로 따라야 한다고 생각했다. 어른들의 뜻은 신성한 것으로 여겨졌다. 혼인을 결정하는 것도 전적으로 어른들의 몫이었다. 옛날에는 장자상속제도가 철저하게 지켜졌다. 그 외에도 불공평한 법률이 많았지만 인류가 진보함에 따라 조금씩 수정되었다. 그러나 요즘은 다르다. 부모와 자식이 서로서로 존경해야 가족이 유지되고 가족의 안전과 부가 보장된다. 부모와 자식간에 정이 흘러 넘쳐야 가족관계를 유지할 수 있는 것이다."

광고: 젊은이들을 유혹하는 수단

오늘날의 광고와 오십 년 전의 광고를 비교해보면 유독 눈에 띄는 점을 하나 발견할 수 있다. 예전에는 중년이나 혹은 노년에 접어든 사람들을 대상으로 광고가 제작되었다.

광고는 갈수록 젊은이들을 대상으로 제작되고 있고, 젊은층을 겨냥한 상품이 대대적으로 쏟아져 나오고 있다. 미용 상품,

의류, 음료수, 자동차, 기타 등등 모두 젊은층을 겨냥한 것이다. 무슨 이유로 이렇게 변했단 말인가? 예전에는 나이가 든 사람들이 주 소비층이었지만 갈수록 나이가 어린 사람들이 주 소비층으로 부상하기 때문이다. 잠재적인 소비능력이 가장 큰 계층은 젊은 사람들이다. 그래서 광고 또한 주로 젊은이를 겨냥해 제작되고 있다.

젊은이들은 좀더 광범위한 시장을 형성한다. 젊은이들이 형성한 시장은 전도가 유망하고 지속성이 강하다. 젊은이들이 형성한 시장은 미래가 탄탄할 뿐만 아니라 다른 시장에 비해 훨씬 탄력적이다. 나이 든 노인이 등장하는 광고는 찾아보기 힘들다. 설사 노인이 등장하는 광고라 할지라도 모델들은 하나같이 젊은이들처럼 화장을 하고 있거나 틀니를 끼고 있다. 마치 이렇게 주장하는 것 같다. 노인들은 젊은이처럼 변장을 하고 젊은이처럼 행동하며 살아야 한다. 그러니까 노인들은 자신들의 나이에 걸맞게 살아서는 안 된다는 것이다. 그러니까 노인네들은 광고를 할 때 염두에 두지 않아도 된다는 말이다. 볼테르는 그와 반대되는 충고를 했다. 볼테르는 이렇게 말했다. 사람이 나이에 맞는 덕성을 갖추지 못하면 방탕한 인생을 살아갈 수밖에 없다. 따라서 우리는 우리 나이에 맞는 덕성과 능력을 구비해야 한다. 하다못해 그렇게 되도록 노력은 기울여야 한다. 볼테르가 이 시대를 보면 매우 불쾌해할 것 같다. 우리는 지금 진짜든 가짜든 어쨌든 젊어지려고만 기를 쓰고 있으니까 말이다. 우리는 이 소비지상주의에서, 이 향락지상주의에서 벗어날 생각도 못하고 있는 것이다.

광고업자 마르셀로 카푸로의 말을 들어보자. "돋보기나 뭐 그와 비슷한 것을 팔아야 할 때는 예외겠지만, 노인들은 광고에서 완전히 제외된 것처럼 보인다. 젊은이들이 판을 치는 이 세상에서 그 책임을 누가 져야 하는가. 사실 그 책임은 광고대행업자와 거래하는 대기업들이 져야 한다. 미국의 광고가 우리에게 절대적인 영향을 미친 것도 사실이다. 미국에서는 노인들이 광고에서 전적으로 소외된다. 한 마디로 말하자면, 광고는 사회가 요구하는 것을 반영하는 것이지 네 번째 계명을 반영하는 것이 아니다."

폭력으로 고통당하는 부모

현대로 접어들면서 끔찍한 일들이 곳곳에서 벌어지고 있다. 전쟁이나 독재나 온갖 종류의 박해로 인하여 많은 가정이 파괴되었고, 많은 사람이 이산가족이 되었다. 우리는 부모를 공경하라는 소리를 입에 달고 산다. 하지만 요즘은 부모와 함께 사는 것조차도 쉬운 일이 아니다. 같은 인간을 짐승처럼 대하는 잔인한 인간들에 의해 많은 가정이 파괴되고 만 것이다.

1976년부터 1983년까지 아르헨티나를 지배했던 군사독재정

권이 좋은 예가 될 것이다. 야만적인 폭정의 결과 수많은 가정
이 파괴되었고, 사람들은 가정을 복구하기 위해 투쟁에 나섰
다. 자식을 잃은 여성들은 '5월 광장 할머니 모임'을 결성했다.
할머니들은 잃어버린 아들을 대신해 가정을 복구하기 위해 손
자들을 찾아 나섰다. 임신 중인 딸이 실종되어 슬픔에 젖어 있
던 에스텔라 데 카를로토라는 할머니가 이 모임을 주도했다.
비록 자신의 손자는 찾지 못했지만 카를로토 할머니의 투쟁은
육십여 명이 넘는 실종자들의 자식을 찾는데 기여했다. 그렇게
해서 할머니들은 독재정권이 말살해버린 끈끈한 가족의 정을
회복할 수 있었다.

'5월 광장 할머니 모임'의 의장인 에스텔라 데 카를로토 할
머니는 가족의 의미에 대해 이렇게 말한다. "우리 부모님은 나
를 보살펴 주셨다. 그리고 어느 정도의 시간이 지나자 내가 우
리 부모님을 모셨다. 이것이 바로 가족이라는 것이다. 너희는
부모를 공경하여라. 이 말의 뜻은 우리가 우리 부모에게 받은
은혜에 보답하라는 것이다. 나는 우리 부모님으로부터 많은 것
을 배웠다. 선을 행하라, 자식을 강제적으로 키우지 마라, 서로
책임을 지라, 서로 용서하라, 서로 도와가며 살아라, 서로 이해
하라, 그리고 무엇보다도 서로 사랑하라."

친부모가 아닌 부모와 함께 사는 손자들, 친부모가 아닌 부
모를 점점 닮아 가는 손자들, 끔찍하다. 카를로토 할머니는 이
렇게 덧붙인다. "나는 우리가 만나는 손자들, 그러니까 친어머

니나 친아버지가 아닌 부모와 사는 손자들을 유심히 관찰해보았다. 이 아이들은 진심으로 또 천진난만하게 양부모를 공경했다. 이 아이들은 양부모를 친부모로 믿고 사랑했다. 그러나 몇 년 만 지나면 아이들은 알 수 있다. 자신들이 속았다는 사실을, 자신들이 우롱 당했다는 사실을, 양부모가 자신들을 훔쳤다는 사실을 말이다. 그렇다고 해서 양부모를 미워하거나 앙심을 품지는 않겠지만, 좋은 세상을 만들기 위해 목숨을 바친 친부모에 대해 서서히 알아가게 될 것이다. 그리고 그때부터는 친부모를 공경하게 될 것이다. 심지어 친부모를 찾아 나서게 될지도 모른다. 만나지 못할 것을 뻔히 알면서, 살해되어 이 땅에 없다는 것을 뻔히 알면서도 말이다. 이 아이들은 알고 싶어 할 것이다. 친부모가 어떤 사람이었는지, 무슨 일을 했는지, 무엇을 좋아했는지, 누구와 함께 살았는지를. 무슨 수를 써서라도 자기 부모와 관련된 사실을 밝혀내려 할 것이다."

우리는 젊음을 찬양하는 시대를 살고 있지만 이와 반대되는 현상도 나타나고 있다. 황금만능주의가 판을 치는 고도로 발달한 우리 사회에서 갈수록 아이들의 숫자가 줄어들고 있다. 우리는 지금 고령화 사회를 맞이하고 있는 것이다. 신생아의 수가 줄어들면서 사회보장제도에도 구멍이 뚫리게 되었다.

국민연금이나 사회보장제도를 위한 기금은 현재 직장이 있는 노동자들의 부담금에 의해 유지된다. 따라서 젊은층이 지속적으로 노동 현장에 투입될 것이 요구된다. 한편, 외국인 노동자들이 많은 일자리를 차지하고 있다. 우리가 아이를 원치 않기 때문에 외국인 노동자들이 그 자리를 대신하게 된 것이다. 결국 우리가 원치 않은 아이들이 피부색이 다르고 이념이 다른 아이들로 대신 나타난 것이다. 우리가 비워 두었던 공간을 그 아이들이 와서 채워준 격이다.

요즘은 노인복지시설에서 노인들을 어떻게 다루어야 하는지 하는 점이 중요한 문제로 부상했다. 노인들도 사람에 따라서 건강상태, 작업능력, 정신상태, 거동능력이 다 다르다. 따라서 노인을 복지시설에 수용할 경우에는 노인 개개인의 상태에 따라 적절한 보살핌을 받을 수 있도록 주의를 기울여야 한다.

이 점에 대해 부소 신부는 이렇게 불평을 토로한다. "노인은 가정에서 설 자리를 잃었다. 그래서 우리는 돈을 내고 들어가는 노인복지시설이라는 마땅찮은 시스템을 고안해냈다. 노인도 가족의 일부다. 노인은 애물단지가 아니다. 노인도 할 일이 많고, 또 노인으로서 가족에게 해줄 말도 많다. 자식이 자기 부모를 보살펴줄 수 있는데도 돈을 지불하면서까지 다른 사람에게 부모를 맡기는 짓은 돈을 가지고 장난을 치는 짓이나 다름없다. 현대인의 삶이 복잡하다는 것도, 우리 모두가 집밖에서 일을 한다는 것도 물론 사실이다. 하지만 복지시설에 돈을 지불할 능력이 있는 사람이라면 자기 집에서 노인을 모실 능력도 있을 것이다. 가난한 사람들의 집을 찾아가 보라. 노인들은 언제나 자신의 자리를 지키고 있다."

논란의 여지가 많은 문제다. 부소 신부의 견해에 찬성하는 사람들도 많이 있다. 이 사람들은 이렇게 생각한다. 복지시설에 노인을 맡기는 짓은 젊은 사람들의 이기심에서 비롯된 것이다, 따라서 노인을 자기 집에서 모실 수 있는 방법이 강구되어야 한다. 그러나 가족 단위는 이제 예전과 같지 않다. 예전에는 집안에 갇혀 노예처럼 희생당하는 주부라는 존재가 있었다. 주부는 간호사처럼 헌신적으로 아이들과 노인들을 보살폈다. 주부는 자신의 삶을 살 수 없었고, 직장을 구할 기회도 얻지 못했다. 그러나 요즘은 상황이 완전히 달라졌다. 이제는 여성들도 직장이 있고 독자적인 삶을 누리고 있다. 과거에는 꼭 필요했을지 모르지만 이제는 여성도 집안에 갇혀 보조적인 역할이나 하고 있지는 않다는 얘기다. 그 결과, 가정에 빈자리가 생기게 되었고, 노인들을 보살필 일손이 없어지게 된 것이다.

너희는 부모를 공경하여라. 이 계명에는 부모와 자식간의 관계를 분석해보라는 뜻이 함축되어 있다. 그뿐만이 아니다. 우리는 교육이라는 것도 고려해보아야 한다. 인간은 교육을 받아야 자립할 수 있기 때문이다. 이 계명에는 웃어른을 공경하라는 뜻도 담겨 있지만 구태의연한 습관을 끊으라는 뜻도 담겨져 있다. 우리는 야훼가 내린 이 네 번째 계명 앞에서 이런 질문을 던지게 된다. 모든 것이 젊은이들을 위주로 이루어져 나가는 이 세상에서 어떻게 노인들의 경험을 이용할 수 있을까. 우리는 사회적인 관점에서 노인문제를 생각해보아야 한다. 그리고 때로는 폭력과 전쟁과 독재에 의해 파괴된 가정을 어떻게 재건해야 할지에 대해서도 생각해보아야 한다. 우리는 지금 어떠한 답변으로도, 어떠한 이론으로도 충족될 수 없는, 끝없는 토론을 불러일으키는 질문을 던지고 있는 것이다.

부모는 각 개인의 일생에서 가장 기본적인 자리를 차지한다. 우리는 부모와 자식간의 관계를 핵가족 안에서만 살펴보아서는 안 된다. 우리는 부모와 자식간의 관계를 좀더 폭넓게 사회적인 관점에서 살펴보아야 하며, 다음과 같은 점을 반드시 짚고 넘어가야 한다. 우리 사회에서 젊은층과 장년층과 노년층의 관계는 어떠한가? 완곡하게 표현해서 '제3세대'라고 불리는 사람들을 우리는 어떻게 대우하고 있는가? 생산 활동에서 밀려난 사람들, 과거와 전통을 대변하는 사람들, 개혁을 이루는데 종종 방해가 되는 사람들을 우리는 어떻게 대하고 있는가? 현대사회에서 '어르신'의 역할은 무엇인가? 우리는 이런 점에 대해 깊이 토론해보아야 한다. 네 번째 계명을 현대 사회에 적용시키기 위해서는 반드시 필요한 일이다.

살인하지 못한다

05

야훼가 사바테르 씨의 질책에 조용히 귀를 기울이다

이 계명은 별로 다툴 것이 없습니다. '살인하지 말라'는 이 계명에 반대하고 나설 사람은 아무도 없습니다. 주님의 금지명령에 아주 회의적인 사람도, 별로 의욕이 없는 사람도 마찬가지일 것입니다. 우리에게 없어서는 안 될 계명입니다. 그러나 여기에 커다란 모순이 있다는 점은 인정하셔야 합니다. 역사를 살펴보면 다른 신의 이름보다 주님의 이름으로 더 많은 살상극이 벌어졌던 것입니다.

죄송합니다……. 용서해주십시오……. 그렇게 화내지 마십시오. 그렇습니다. 주님 외에 다른 신은 없습니다. 다른 신은 모두 엉터리들이니까요. 하지만 이건 인정하셔야 합니다. 주님을 핑계로 무시무시한 전쟁이 벌어졌고, 약탈이 자행되었고, 수백만 명의 남자, 여자, 어린아이들이 살해되었습니다.

알비주아파 전쟁을 기억하십니까? 물론 기억하시겠지요. 순진한 알비주아파 사람들을 섬멸하기 위해 도시 하나를 완전히 파괴하지 않았습니까. 도시를 침공하기 전에 사람들이 주교에게 물었습니다. 어떻게 이단인지 아닌지 가려낼 수 있는가? 그러자 이 땅에서 주님을 대변한다는 작자가 이렇게 대답했습니다. 모조리 죽여 버리면 된다, 하느님의 자녀는 하느님이 보호해주실 것이다.

유구한 역사를 통해 되풀이 되어온 이러한 짓거리는 결코 주님의 이름을 높이는 것이 아니었습니다.

또 다른 문제도 있습니다. 주님은 '살인하지 말라'라고 명령하셨습니다. 그러나 주님은 우리 모두를 죽이고 계십니다. 주님은 이 세상에서 가장 강력한 살인자이심이 틀림없습니다. 이렇게 말씀하시겠지요. 이 다섯 번째 계명은 인간들에게 해당되는 것이지 내게 해당되는 것이 아니다, 나를 너희 인간들과 동급으로 취급하지 말라. 좋습니다……. 인정하겠습니다. 하지만 여전히 의심스럽고 두렵습니다. 세상이 어떻게 돌아가는지 잘 아시지 않습니까. 이 세상은 '살인하지 말라'라는 주님의 명령이 통하는 세상이 아닙니다. 그와 정반대입니다.

이 계명은 단지 '살인하지 못한다' 라고 말한다. 언뜻 보기에는 가장 합리적인 명령 같다. 하지만 성경을 살펴보면 죽어 마땅한 죄인들이 무수히 나타난다. 소돔 사람들, 간음한 사람들, 선택받은 민족의 원수들은 모두 죽어 마땅한 사람들이었다. 아주 골치 아픈 예도 많다. 모든 군대는 종군신부와 동행하며 그 신부로부터 축복을 받는다. 사형수들은 교수대에 이르기까지 신부와 동행한다.

아리엘 알바레스 발데스 신부는 『우리는 성경을 어느 정도 알고 있나?』라는 책에서 구약성경 신명기에 규정된 죽어 마땅한 죄를 열거하고 있다.

–너희 중에서 누군가가 야훼가 아닌 다른 신들을 섬기러 가자고 가만히 꾀는 경우, 반드시 죽여야 한다.

–해나 달이나 하늘의 모든 천체와 같은 다른 신들을 찾아가서 섬기고 엎드려 절하는 사람이 생길 경우, 돌로 쳐 죽여라.

–야훼를 섬기는 재판관의 말을 업신여기고 불복하는 자가 있으면, 누구든지 사형에 처하여라.

–아버지의 말이나 어머니의 말을 전혀 듣지 않고 거역하기만 하여 애를 태워 주는 아들이 있을 경우, 그를 돌로 쳐 죽일 것이다.

–동족을 죽인 살인자는 죽어야 한다.

19세기 영국에서는 절도범에 대한 교수형을 폐지하고 절도
죄를 십오 내지 이십 파운드 벌금에 해당하는 범죄에 포함시키
자는 운동이 벌어졌다. 이 운동에 반대하는 사람들 중에는 영
국 의회 의원이었던 세 명의 대주교도 포함되어 있었다.

이런 예를 든 이유는 그렇게나 숭고해 보이는 이 '살인하지
못한다' 라는 계명이 종교와 무관한 사람들에 의해서뿐만 아니
라 성직자들 자신에 의해서도 존중받지 못한다는 사실을 보여
주기 위해서이다.

이 계명을 존중하지 않는 사람들은 수도 없이 많다. 예를 들
어보자. 음주운전으로 사고를 일으켜 애꿎은 사람들을 죽이는
무책임한 운전자들, 잘못된 정책으로 수많은 사람들을 배고픔
에 빠지게 하거나 자포자기하게 만드는 사람들도 살인자와 다
름없다.

루이스 데 세바스티안은 직접적인 살인과 간접적인 살인에 대해 이렇게 말한다. "이 지구상에서는 매일매일 만 명 이상의 아이들이 영양실조로 죽어간다. 이렇게 말하는 사람도 있을 것이다. 아이들을 죽이는 것은 배고픔이라고. 그렇지만 아이들의 죽음은 누가 책임져야 하는가? 매년 수천 명의 사람들이 전쟁 지역에 살포된 대인지뢰로 인하여 불구자가 되거나 목숨을 잃는다. 이 사람들의 불행은 누가 책임져야 하는가? 우리가 또 명심해야 할 문제가 있다. 잘못된 경제구조 때문에, 물질의 불공평한 분배 때문에 수백만 명의 사람들이 매년 죽어간다. 돈이 없는 사람들은 살 수가 없는 것이다. 사회에서 소외되어 죽어가는 사람도 많이 있다." 이 계명과 관련된 몰상식한 행위는 수도 없이 많다. 나치 치하에서 끔찍한 실험을 자행했던 의사들과 과학자들을 생각해 보라. 그 작자들은 과학의 진보를 구실 삼아 인간을 모르모트처럼 이용했던 것이다.

이 계명은 단순히 "너희는 폭력을 사용해 다른 사람들을 죽이지 못한다"라는 뜻만 전달하는 것이 아니다. 우리는 이 계명을 좀더 폭넓게 이해해야 한다. "너희의 행동이나 태만으로 다른 사람이 죽어서는 안 된다."

사실 '살인하지 못한다' 라는 계명은 한 부족 내의 사람들에게 해당되는 명령이다. 같은 동족 내에서는 어느 누구도 살인을 저지르지 않는다. 범죄 집단 내에서도 마찬가지다. 문제는 그렇다면 다른 부족 사람들은 죽일 수 있느냐 하는 것이다. 이 계명은 인류 전체를 대상으로 할 때 가치가 있는 것이지 일개 패거리를 대상으로 할 때에는 무용지물이다.

바로 이웃 사람한테 살해당할지도 모를 지경에 이르면 우리 인간은 절대로 살아갈 수 없다. 우리의 적은 외부에 있다. 우리와 멀리 떨어져 있는 사람, 우리와 다른 사람, 나와 같지 않은 사람이 우리의 적이다. 이 사람들은 '살인하지 못한다'라는 계명과 무관한 사람들이다.

랍비 사카는 이 계명을 좀더 폭넓게 해석한다. "이 계명의 정확한 해석은 '의도적으로 사람을 죽이지 말라'이다. 성경을 보면 살인이 전적으로 금지된 것이 아니라는 사실을 알 수 있다. 우리는 다른 사람으로부터 공격을 받으면 우리 자신을 방어할 수 있다. 우리는 다른 사람 손에 죽기 전에 맞서 싸워 그를 죽일 수도 있다. 성경에는 사람을 사형에 처할 수 있는 경우가 여러 가지 나타난다. 의도적인 살인의 경우에도 죄인은 사형에 처해졌다. 여러 가지 정황으로 판단하여 사형에 해당되는 죄로 밝혀지면 사형시켜야 했던 것이다.

이 계명이 금하고 있는 것은 의도적인 살인이다. 토라(유대 법전)가 허용하지 않는 것이라면 어떠한 형태이든 간에 다른 사람의 생명을 빼앗는 행위는 금지되었다. 여기서 인간의 존엄성은 다시 한번 시험대에 오르게 된다. 저 사람이 나를 죽일지 안 죽일지 무슨 수로 일 수 있단 말인가? 내 옆을 지나가는 사람이 나 자신이나 내 가족을 위협할지 그렇지 않을지 어떻게 알 수 있단 말인가? 내 원수가 될지도 모르는 사람이 얼마나 위험한지 판단하기 위해서는 나는 상식과 이성에 의존할 수밖에 없다."

역사상 벌어졌던 대학살들은 그 학살을 계획한 사람들에게 공범자나 자발적인 협력자가 없었다면 이루어지지 못했을 것이다. 범죄는 대부분 공범자나 협력자의 도움으로 이루어진다. 대부분의 경우 공범자나 협력자는 죄의식을 느끼지 않는다. 그들은 단지 명령에 따랐을 뿐이라고 주장한다. 어쩔 수 없어 복종했을 뿐이다. 악랄하기 그지없는 변명이다. 우리는 그따위 변명을 귀에 못이 박히도록 듣는다.

공범자들은 이렇게 주장한다. 우리들은 말단 하수인일 뿐이다, 계획을 구상하고 결정을 내린 우두머리가 책임을 져야 한다. 공범자들은 자신들은 아무 일도 하지 않았다고 믿는다. 한나 아렌트는 『예루살렘의 아이히만』이라는 걸작을 남겼다. 이 책은 아돌프 아이히만의 재판과정을 그리고 있다. 아렌트에 의하면 아이히만은 이렇게 주장했다고 한다. 나는 순진무구한 관료일 뿐이다, 내가 한 일이라고는 서류에 서명을 한 것뿐이다, 나는 어떠한 범죄도 저지르지 않았다. 그렇지만 우리는 분명히 알고 있다. 아이히만은 그 끔찍한 범죄와 살인을 자행한 장본인인 것이다.

살의를 품는 사람에게도 나름대로의 이유는 있을 것이다. 도스토예프스키의 소설 『죄와 벌』에서 고리대금업자 노파를 살해한 라스콜리니코프에게도 나름대로 정당한 이유가 있었던 것이다. 라스콜리니코프는 사회에 해만 끼치는 인간쓰레기를 해치웠던 것이다. 조국을 지키기 위해서라며, 혁명을 위해서라며, 프롤레타리아의 승리를 위해서라며 거창한 영웅적인 이유를 내세우는 사람들도 있다.

어떠한 경우라도 범죄와 살인을 변명할 구실거리는 차고 넘친다. 이러한 상황이다 보니 사람들이 소리 높여 호소하게 되었다. "이제 그만!" 그러나 아무리 "이제 그만!"을 외쳐도 범죄와 폭력은 줄어들지 않는다. "이제 그만!"을 아무리 외쳐도 누구 하나 귀 기울이지 않는다. 살인과 범죄는 점점 더 고상해져 갈 뿐이다. 법률로 정한 죽음의 개념에 있어서도 우리는 "이제 그만!"을 외쳐야 할지 모른다.

죽음은 언제부터 시작되는가?

죽음이란 무엇인가? 어느 순간에 이르러야 죽었다고 판단하는가? 죽음과 삶을 가르는 경계선은 시간이 지남에 따라 조금씩 조금씩 무너져 내렸다. 백 년이나 이백 년 전이라면 의학적으로 사망선고를 받았을 사람들이 요즘은 건강을 회복해 되살아나기도 한다. 기술의 진보가 우리에게 놀라운 선물을 안겨준 것이다. 우리는 이제 심장을, 뇌를, 그리고 결정적으로 생명을 되살릴 수 있게 되었다.

이제는 사망 시점을 정하는 일도 점점 어려워지고 있다. 인간의 수명은 점점 연장되고 있고, 또 의술의 발달로 병자도 쉽게 나을 수 있게 된 것이다. 확신하건대 우리는 몇 년 내로 돌이킬 수 없는 죽음으로부터 인간을 구해낼 방법을 찾을 수 있을 것이다.

'살인하지 못한다' 라는 계명은 종교적인 색채가 농후한 계명이다. 도스토예프스키가 『카라마조프가의 형제들』에서 그려낸 인물을 한번 생각해 보자. 그는 이렇게 말했다. "만일 신이 존재하지 않는다면 모든 것이 허용된다." 그러나 우리처럼 신앙이 없는 사람들의 생각은 다르다. "신이 존재하지 않는다 하더라도 허용될 수 없는 일이 많이 있다."

그렇다면 우리는 이 다섯 번째 계명을 합리적으로 어떻게 해석해야 하는가? 살인은 한 사회에 반(反)사회적인 분위기를 몰고 온다. 사회는 사회 구성원들의 상호신뢰를 바탕으로 이루어진다. 사회 구성원들은 서로 협동 단결해야 한다. 사회를 위협하고 파괴하는 적이 되어서는 안 되는 것이다. 살인자들에게 둘러싸인 사람은 밀림에서 사는 사람보다 더 험악한 삶을 살아야 할 것이다. 주변 사람들이 언제 범죄를 저지를지 알 수 없기 때문이다.

신앙이 있는 사람들은 이렇게 말한다. "우리는 사람을 죽이지 않는다. 신이 살인을 금했기 때문이다." 다시 한번 말하지만 신은 우리 모두를 죽이고 있다. 우리는 이 점을 명심해야 한다. 이제 합리적으로 생각해 보자. 우리는 사람을 죽이지 않는다. 살인은 사회를 파괴하고 신뢰를 끊어놓기 때문이다. 상호간에 신뢰가 없다면 우리 인간은 서로서로 의지하며 편안하게 살 수 없다. 우리는 우리가 서로를 의지하고 있고 또 주변 사람들로부터 위협을 받지 않고 살고 있다는 사실을 잘 알고 있다.

호세 오르테가 이 가세트

다섯 번째 계명은 살인을 극악무도한 행위로 간주한다. 죽음은 어쨌든 자연의 섭리에 반하는 것이다. 그럼에도 우리 모두는 알고 있다. 죽음은 자연현상 중에서 가장 자연스러운 것이다. 죽음은 문제가 되지 않는다. 흔해 빠진 것이 바로 죽음이다. 죽음을 보편적인 법칙으로 정한 존재는 우리 인간에게 살인을 금지시킨 바로 그 신이다. 죽음이 있어야 삶이 연장된다. 우리가 죽어야 다른 사람들이 살 수 있는 것이다.

자연 속에서, 혹은 신의 섭리 속에서, 혹은 창조 세계 속에서, 혹은 여러분이 뭐라고 부르든 간에 그런 세계 속에서, 죽음은 인간의 존재를 연장시키는 도구 내지는 메커니즘이다. 다섯 번째 계명은 가장 종교적이면서도 가장 자연적인 계명이다. 왜 그런가? 사실 우리 인간은 죽음과 살인에 맞서 싸워왔다. 우리 모두를 공평하게 죽이는 자연과 신의 의지에 맞서 싸워왔던 것이다.

전쟁, 살인을 위한 핑계

일정한 규모의 사람들이 살아가기 위해서는 일정한 크기의 땅이 반드시 필요하다. 두말할 나위도 없는 사실이다. 히틀러는 독일의 생존 공간을 확보하기 위해 폴란드, 오스트리아, 아니 유럽 전체를 손아귀에 넣으려고 시도했다. 현대로 접어들면서 우리는 이런 경우를 수도 없이 목격했다. 여러 국가들이 인접 국가의 땅을 탐했던 것이다.

자연법을 연구해온 학자들은 16세기부터 정당한 전쟁과 부당한 전쟁에 대해 언급해왔다. 다른 사람의 생명을 빼앗는 한이 있더라도 자신의 생명을 지키기 위해 벌인 전쟁은 정당한 전쟁으로 평가되었다.

생물학 법칙이나 동물학 법칙을 들먹일 필요는 없을 것 같다. 인간의 삶을 생각해보자. 우리 인간은 자유와 독립을 원하며, 우리에게 영향을 끼치는 문제에 개입하여 해결할 능력을 키우고자 한다. 독재정권으로부터 위협을 받는다거나 외부로부터 침략을 당해 이러한 가치들을 방어해야 할 필요가 생길 경우 우리는 폭력에 의존할 수도 있다.

물론 인간의 피를 흘리지 않는 것이 좋다. 하지만 인간이 피를 흘려야 할 경우도 있다. 독재자가 우리에게 고통을 안겨주고, 범죄를 저지르고, 살인을 자행하면, 우리는 우리의 생명을 지키기 위해 그에 맞서 싸워야 하고, 그 싸움터에서 서로 죽고 죽이고 할 수도 있는 것이다.

톨스토이는 『전쟁과 평화』에서 이렇게 묻고 이렇게 대답한다. "전쟁이란 무엇인가? 전쟁에서 승리하기 위해서는 무엇이 필요한가? 군인들은 어떤 정신상태로 살아가는가? 전쟁의 궁극적 목적은 사람을 죽이는 것이다. 무기가 사용되고, 스파이들이 활약하고, 배신이 횡행하고, 민간인이 떼거지로 죽고, 군대에 물자를 보급하기 위해 약탈과 절도가 자행되고, 소위 군사적 계략이라는 속임수와 거짓말이 판을 친다. 군인들은 비록 군기가 잡혔다고는 하나 게으르고, 무식하고, 잔인하고, 생활이 방만하고, 술에 절어 산다. 한 마디로 자유가 없는 삶이다. 그럼에도 군대 고위급 인사는 사람들로부터 존경을 받는다. 중국의 황제를 제외하고 모든 왕들은 군복을 입는다. 사람을 많이 죽인 군인일수록 더 큰 상을 받고…… 군인들은 서로 서로

를 죽이기 위해 한 장소로 집결한다. 지금 당장이라도 벌어질
수 있는 일이다. 수천 명의 군인들이 목숨을 잃거나 불구자가
된다. 군인들은 많은 사람(이 숫자는 과장되기 마련이다)을 죽
였다는 이유로 감사 미사를 올리고 승리를 선포한다. 사람들을
많이 죽일수록 군인들에게 내려지는 포상도 커진다.”

아이작 아시모프

발타사르 가르손은 폭력과 살인을 금지시킬 무언가가 있다
고 주장한다. “국제사법재판소가 있다. 사실 뉘른부르크 재판
도 사람들의 인정을 받지 못했다. 사실이다. 하지만 우리가 주
목해보아야 할 점이 하나 있다. 인권을 중요시하는 나라들은
국제사법재판소의 결정을 무시할 뿐만 아니라 국제사법재판소
의 주도권에 대항하려든다. 국제사법재판소는 인도주의적인
혹은 평화적인 임무를 완수한 자들을 박해하기 위해서가 아니
라 안정된 국제질서를 깨트린 사람들로부터 그린 사람들을 보
호하기 위해 존재한다. 정확히 이 재판소는 평등의 원칙을 추
구한다. 다시 말해, 면책특권, 형을 받지 않을 권리, 상명하복
의 원칙을 인정하지 않는다. 아르헨티나와 같은 나라에서는 바
로 이런 특권 때문에 끔찍한 결과가 발생했다.”

우리 시대의 가장 시대착오적인 제도 중 하나가 바로 사형제도이다. 선진국이다, 복지국가다, 민주국가다 하는 나라에도 사형제도가 존재한다. 사형제도를 인정하는 국제법은 전혀 없다. 대학살을 저지른 사람도 사형에 처해지지 않는다. 종신형과 같은 아주 엄격한 형벌이 있긴 하지만 사형은 인정하지 않는다.

이런 질문이 떠오른다. 사형제도를 인정하지 않는 국제협약에 조인한 국가들도 자기 영토 내에서는 대량학살보다 가벼운 죄를 지은 사람을 사형에 처한다. 어떻게 그럴 수 있단 말인가?

또한 어떤 특정 행위는 나라에 따라 범죄가 될 수도 있고 안 될 수도 있다. 동성애를 예로 들어보자. 서구에서는 동성애가 일종의 권리로 인정되지만, 동성애자를 사형에 처하는 문화권도 있다. 나라마다 천차만별이다. 어느 곳에서는 전혀 죄가 되지 않는 행위가 다른 곳에서는 극형에 처해지는 것이다.

발타사르 가르손 판사는 이렇게 말한다. "법적으로 인간의 생명을 빼앗는다는 생각은 완전히 실리주의적이고 당파주의적인 생각이다. 가톨릭교회로부터 시작해서 이 지구상에 존재하는 모든 독재정권이 모두 사형제도를 찬성한다. 사형제도는 경제적·전략적·정치적·종교적 목적에 따라 폐지되기도 하고 유지되기도 한다. 이 문제들을 자세히 검토해보면 우리는 불가

피한 결론에 이르게 된다. 만일 우리가 인권을 존중한다면 사형제도는 마땅히 폐지되어야 한다.”

사형제도는 비이성적인 제도이지만 아직까지 존재한다. 아마도 사형제도는 복수심과 폭력에 대한 집단적인 욕구와 관련이 있지 않나 싶다. 그러나 내 생각으로는, 사형제도는 그 사형제도가 유지되고 있는 나라 국민들에게 어떠한 도움도 주지 못하는 것 같다.

> 고문 집행자는 자살을 해도 죄를 용서받지 못한다.
> 그래도 어느 정도 동정은 받을 수 있을 것이다.
>
> 마리오 베네데티

꼭 필요한 경우가 아니면 고문하지 못한다

우리가 수세기에 걸쳐 저질러온 잔혹한 행위 중 하나로 고문을 들 수 있다. 정부를 얻기 위하여, 정치적인 경쟁자와 빈대자를 굴복시키고 파괴시키기 위해 물리적인 고통을 안기는 것이 바로 고문이다.

이상한 점이 하나 있다. 신은 자신의 정의를 실현시키기 위해 우선적으로 지옥의 고문과 같은 각종 징벌을 자주 언급한다.

오늘날에는 어느 누구도 고문을 인정하지 않을 것이다. 그러나 이렇게 말하는 사람도 있다. "글쎄요……, 중요한 정보를 얻기 위해서라면 고문도 한번 생각해 볼 수 있지 않을까 싶은데." 윤리학 교수들이 종종 제기하는 문제가 있다. 한 도시에 사십 개의 학교가 있다, 어떤 사람이 그중 한 학교에 폭탄을 설치한다, 폭탄은 사십오 분 후에 터지게 된다, 그런데 폭탄을 설치한 사람이 어느 곳에 폭탄을 설치했는지 고백하기를 거부한다, 자 그렇다면, 아무 죄 없는 어린 학생들을 살리기 위해 범인을 고문해 자백을 얻어낸다면, 그 고문은 정당한 것인가 그렇지 않은가?

이런 식으로 자의적이고 혼란스럽고 복잡한 가정에는 이런 뜻이 담겨 있다. "정보를 얻어내기 위한 고문이 허용된다면 모든 사람이 고문을 하려고 달려들 것이다. 그리고 정보를 캐내는 일보다 고문 그 자체를 즐기는 사람도 생겨날 것이다."

위에 예로 든 학교와 폭탄이라는 가상현실의 경우를 생각해 보자. 학부모든 경찰이든 누군가가 범인의 귀를 붙잡고 폭탄이 어디에 설치되어 있는지 고백할 때까지 그 귀를 비틀 수도 있을 것이다. 그러나 그 사람은 아이들을 구하고 난 뒤에 범인의 귀를 잡아 비튼 행위에 합당한 처벌을 받아야 한다. 나는 이 정도는 인정할 수 있다. 내가 인정할 수 없는 것은 개인적으로 고문을 자행하는 것이다. 개인적으로 알고 싶은 정보가 있다고 해서 그 정보를 알고 있는 사람에게 육체적인 고통을 가해 캐낼 수는 없는 노릇인 것이다.

고문을 당하는 사람의 처지를 생각해보자. 고문을 당하는 사람은 고문을 하는 사람의 손에 그저 놀아날 뿐이다. 쥐어짜면 쥐어짜는 대로, 찢어발기면 찢어발기는 대로 그저 놀아날 뿐이다. 고문은 최고로 가증스러운 짓이다. 인간의 존엄성을 고문만큼 철저하게 파괴하는 것은 없다. 따라서 우리는 고문을 절대로 법으로 허용해서는 안 된다. 중요한 정보를 캐내기 위해 누군가를 고문해야 할 경우도 있을 수 있다. 그러나 고문을 행한 사람은 그에 합당한 처벌을 받아야 한다. 법을 내세워 고문을 합리화해서는 안 되는 것이다.

발타사르 가르손 판사는 이렇게 말한다. "고문은 일종의 살인이다. 정권이 저지르는 일종의 학살이다. 내가 이런 말을 하는 이유는, 정권에 의해 수많은 사람들이 고문을 당했고 또 실종되었기 때문이다. 고문은 인격을 모독하는 행위이며, 인간을 죽음의 문턱으로까지 끌고 가는 행위다. 나는 인권유린 범죄 조사 재판소에 접수된 고문당한 사람들을 많이 만나보았다. 그들 대부분은 잡혀 있는 동안 때때로 혹은 날마다 차라리 죽음을 원했다고 한다. 그들은 그래도 살아야 한다는 의지로 버텨내면서 마음 한편으로는 가해자들의 죽음을 원하기까지 했다고 한다. 고문은 이렇게까지 인간과 인간의 존엄성을 떨어뜨린다. 그런 처지가 죽음과 무엇이 다르단 말인가."

나치나 소련의 강제수용소 생활을 겪은 사람들 얘기도 아주 인상 깊다. 강제수용소에서 살아남은 사람들 중 많은 사람들이 자살로 생을 마감했다. 그 사람들은 자신들의 삶이 이미 끝났다고, 강제수용소에 있을 때 자신들의 삶이 사실상 끝장났다고 생각했던 것이다.

심리학자 브루노 베텔하임을 예로 들어보자. 베텔하임은 자신의 저서 『생존: 한 세대의 몰살』에서 이렇게 밝히고 있다. "수백만 명이 죽고 단지 몇 사람만이 살아남았다. 이렇게 살아남은 사람들은 자신의 운수, 자신의 생존에 대해 변명이라고 해야 할 것 같은 특별한 의무감을 가슴 깊이 느끼게 된다. 자신과 똑같은 사람들이 죽은 대신 자신은 살아남았기 때문이다.

또한 생존자들은 뭔지 모를 아주 특별한 책임감을 뼈저리게 느끼는 것 같다. 타인의 태어날 권리를 박탈한 것과 같은 기분에 젖어드는 것이다. 비교적 평화롭고 안전하게–국가의 변덕에 의해 살해당하지 않았으니 이제부터는 내 삶은 내가 지켜야 한다고 생각했을 것이다– 살고 있지만 자신에게는 과분한, 불가사의한 삶을 사는 것 같은 기분을 느끼는 것이다. 수백만 명이 죽어 가는 상황에서 살아남는다는 것은 기적이다. 그래서 전혀 엉뚱한 이유로 자살을 하는지도 모르겠다.

'나는 무슨 이유로 살아남았는가?' 라는 질문에 이성(理性)의 목소리가 이렇게 대답한다. '그건 순전히 행운이다, 단순히 우연일 뿐이다. 이 말밖에 대답할 말이 없다.' 그러나 우리의 의식의 목소리는 이렇게 대답한다. '좋다. 하지만 네 대신 누군가가 죽었기 때문에 네가 살아난 것이다.' 그리고 그 대답 뒤에 아주 혹독하고 가차 없는 비난의 목소리가 소곤소곤 들려온다. '어떤 사람들은 네가 쉬운 일자리를 빼앗았기 때문에 죽었다. 또 다른 사람들은 네가 도와주지 않아서, 먹을 것을 나누어주지 않아서 죽었다. 네가 깜박 잊고 지나간 일 때문에 죽은 사람도 있다.' 무슨 말로도 항변할 수 없는 마지막 질책이 아직 남아 있다. '네 대신 다른 사람이 죽는 것을 보고 너는 기뻐하기까지 했다.'"

낙태, 자살, 안락사

다섯 번째 계명은 분명히 사람을 죽이지 말라는 계명이다. 그렇다면 태아(胎兒)는 어떤가? 태아를 인간으로 인정할 수 있는가? 아니면 태아는 단지 세포 덩어리일 뿐인가? 태아가 어느 정도까지 자라야 인간이라고 할 수 있는가? 임신된 지 이삼 주 정도 지난 태아를 어머니와 독립된 개체로 볼 수 있는가? 세포 덩어리는 나중에 자라서 인간이 될 수 있지만, 세포 덩어리 자체로는 인간이 아니다. 한 톨의 밤알도 나중에 밤나무로 자랄 수 있지만, 그 밤알 자체로는 밤나무가 아닌 것과 같은 이치다. 그렇다면 이런 질문이 제기된다. 인간과 세포 덩어리를 구별하는 기준은 무엇인가? 태아는 어느 정도 자라야 인간으로 인정될 수 있는가? 수십 년에 걸쳐 수많은 토론이 벌어진 문제이다. 사람들의 생각도 과거와 많이 달라졌다. 과거에는 유아살해가 횡행했기 때문에 낙태에 대해 별로 신경 쓰지 않았을 것이다. 과거에는 원치 않았던 계집아이가 태어나면 그 자리에서 죽여 버렸다. 사내아이라 할지라도 장애를 안고 태어나면 그 자리에 서 죽어야 했다.

다행히 오늘날에는 유아살해가 사라졌지만 낙태에 대해서는 의견이 분분하다. 물론 낙태는 아주 중요한 문제다. 취미 삼아 혹은 변덕이 심해 낙태를 하는 여자는 없을 것으로 믿는다. 낙 태는 법적인 문제일 뿐만 아니라 윤리적인 문제다. 우리는 이 점을 놓치지 말아야 한다. 낙태를 보는 시각도 천차만별이다. 우선 신앙이 없는 사람들과 신앙인들의 의견이 다르고, 신앙인 들 사이에서도 다양한 의견이 나온다.

유대교에서는 일반적으로 낙태가 허용되지 않는다. 그러나 임신으로 인하여 산모의 목숨이 위태로울 경우에는 중절 수술 이 허용된다. 랍비 사카는 이렇게 말한다. "우리는 태아의 생명 보다 산모의 생명을 더 소중히 여긴다. 태아를 완전한 생명으 로 보지 않기 때문이 아니라, 산모의 생명이 태아의 생명보다 상대적으로 소중하기 때문이다. 살인을 저지른 사람은 법에 따 라 처벌받는다. 그러나, 낙태가 허용되지 않기는 하지만, 낙태 를 한 사람은 처벌받지 않는다. 살아 있는 인간을 죽인 것이 아 니라 생성과정에 있는 그 무엇을 죽인 것이기 때문이다. 아직 태어나지 않은 생명은 살아 있는 완전한 인격체로 인정되지 않는다. 그렇다고는 하지만 태아는 생성과정에 있는 생명체이기 때문에 죽일 수 없다. 예외는 있다. 태아로 인하여 완전한 생명체인 산모의 목숨이 위태로울 경우에는 중절 수술이 허용된다."

가톨릭에서는 낙태를 유별나게 징벌한다. 낙태를 범한 사람을 그 자리에서 파문시켜버리는 것이다. 부소 신부는 교회의 입장을 이렇게 설명한다. "낙태를 행한 사람이나 낙태를 도와준 사람들은 모두 파문 당한다. 어쩔 수 없이 이루어진 낙태도 마찬가지다. 심지어 낙태가 벌어진 사실을 알면서도 신고하지 않는 사람도 처벌받는다. 왜냐하면 낙태는 가장 끔찍한 살인행위이기 때문이다. 우리는 잉태한 그 순간부터 수명이 다해 죽을 때까지를 한 사람의 인생으로 생각한다. 두 개의 세포, 즉 남자의 정자와 여자의 난자가 합쳐지는 그 순간에 바로 하나의 생명이 잉태되는 것이다. 항상 이렇게 생각했던 것은 아니다. 예전에는 임신하고 삼 개월이 지나야 영혼이 찾아든다고 생각했다. 그래서 임신 삼 개월 이후에 이루어지는 낙태를 살인으로 간주했다. 민법에는 아직까지 이런 표현이 남아 있다. '징차 태어날 사람.' 아직 태어나지 않은 사람을 가리키는 말이다."

살인하지 못한다. 우리는 이 계명을 다른 사람을 죽이지 못한다는 뜻으로 받아들인다. 그렇다면, 자살을 하는 사람, 즉 자기 자신의 생명을 빼앗는 사람들은 어떤가? 자살은 가해자와 피해자의 공모로 이루어진다. 자살의 경우에는 가해자와 피해자가 동일인물이다. 자살이야말로 유일한 완전범죄라고 할 수 있다. 자기 자신을 죽인 살인범은 결코 처벌받지 않는다. 법으로부터 완전히 벗어나 있는 것이다. 적어도 지상의 삶에서는 말이다.

만일 우리 인간의 삶이 하느님의 손안에 있다면, 우리가 하느님의 소유물이라면, 우리가 우리의 삶을 하느님으로부터 잠시 빌려 사는 것이라면, 우리에게는 자살할 권리가 없다. 하지만 우리가 우리의 삶을 등급을 매길 수 있는 재산쯤으로 생각한다면, 그러니까 고상한 삶이나 하찮은 삶이나 혹은 무가치한 삶으로 등급을 매길 수 있다면, 자살도 가능할 것이다.

자살은 생명이라는 자신의 소유물 하나를 버리는 것이다. 삶을 너무나 사랑해서 자살할 수도 있을 것이다. 풍요롭고 아름다운 삶을 너무나 갈망했지만 그런 삶을 누릴 수 없는 상황에 처하면 자살할 수도 있는 것이다.

유대인들은 자살한 사람을 살인자와 똑같은 형벌에 처했다. 랍비 사카는 이렇게 설명한다. "우리는 의기소침해지거나 쇠약해지게 되면 의욕을 회복해 그런 상황을 타개해 나가야 한다. 우리 생명을 포기해서는 안 되는 것이다. 우리에게는 어려움을 극복해나갈 힘이 있다. 그래서 하느님은 계속해서 우리가 자살하지 못하도록 타이르고 계신다."

자살의 정당성을 주장한 위대한 도덕군자들도 많다. 세네카도 자살을 옹호했다. 또 다른 도덕군자들은 자살을 신의 권리를 침해하는 행위로 간주했다. 심지어 법적으로 자살행위를 범죄로 규정한 나라도 있다.

살인하지 못한다. 우리는 이 계명을 살필 때 안락사에 관한 문제도 함께 고려해야 한다. 안락사, 더 이상 살기를 원치 않는 말기 환자에게 죽음을 선사하는 것이다. 윤리적이며 법적인 결단을 요구하는 아주 복잡한 문제다. 이제 고통을 끝내고 싶고, 더 이상 인공적인 방법에 의지해 살기 싫다고 요구할 권리를 환자는 어느 시점에서 가질 수 있는가? 환자를 치료할 방법도 모른다, 환자의 고통을 누그러뜨릴 방법도 없다, 이 경우 의사는 무슨 권리로 환자의 수명을 그저 연장시키고만 있단 말인가? 사회적인 합의는 이루어졌다. 잔인한 의료행위를 하지 않는 것이다. 그러니까 비인간적이고 파렴치한 행위를 하지 않고 무슨 수를 써서라도 생명을 연장시키는 것이다. 아무런 의지도 희망도 없는 식물인간인 경우라도 그렇다.

가르손은 이렇게 말한다. "양도할 수 없는 재산으로서 생명을 존중해야 한다는 원칙과 환자의 자유와 의지라는 개념이 서로 다투는 형국이다. 어쨌든, 이런 점들을 종합적으로 고려한다면, 이미 생명체라 할 수 없는 생명을 유지시키는 것은 아무 의미가 없게 될 것이다. 이 경우 우리는 환자의 자유와 의지를 존중해야 한다. 그렇지 않을 경우 우리는 합법적으로 환자를 고문하는 것과 같이 될 것이다. 환자를 살려둔다고 해서 하느

님을 찬양하는 것도 아니고 그 알량한 도덕성이 정당화되는 것
도 아니다."

그러나 적극적으로 생명을 연장시키는 것과 역시 적극적으
로 생명을 끊는 것은 완전히 다른 문제다. 생명을 연장시키는
여러 의료도구를 환자의 몸에 계속 연결시켜주는 것과 주사나
다른 방법을 사용해 환자의 생명을 끊는 행위는 전혀 다른 문
제인 것이다.

부소 신부는 이렇게 말한다. "우리는 그저 환자가 죽어가도
록 내버려둔다. 소극적인 안락사라 할 수 있다. 자연의 힘과 과
학 지식이 때를 알려주는 것이다. 어쩔 수 없는 자연현상 앞에
서 우리는 손을 놓고 만다. 경우에 따라 사람들은 자신의 운명
을 스스로 결정할 수 있다. 그걸 자살로 볼 수는 없다. 결정적
인 순간에 '나를 죽게 내버려둬요' 라고 요구할 수 있는 것이다.
그런 요구는 아주 정당한 요구이다. 한편, 의사로서도 언제까
지나 환자의 생명을 연장시키고 있을 수만은 없는 노릇이다.
물론 의사에게는 환자를 치료할 의무가 있다. 하지만 어느 순
간이 오면 '더 이상 어쩔 수 없다' 라고 인정하고 포기해야 하는
것이다. 더 이상 가능성이 없을 때 일상적인 치료를 계속 행한
다는 것은 잔인한 고문이 될 수도 있는 것이다. 소소한 가치는
더 큰 가치를 위해 희생될 수밖에 없다. 그렇다고 안락사가 최
선이라는 말은 아니다. 순교자와 같은 마음, 남을 돕는다는 마
음, 삶에 대한 애정이 중요하다. 우리는 우리 자신의 삶을 마음

대로 다룰 수 있다. 그러나 어떠한 동기에서든 타인의 삶을 함부로 다룰 수는 없다."

한계를 정하기가 아주 어려운 문제다. 치료를 하지 않는 것도 죽음을 몰고 오기 때문이다. 소위 '사망동의서'라는 것은 매우 합리적으로 보인다. 물리적·정신적 치료 방법을 모두 동원해보아도 인공적인 방법 이외에는 살아날 가능성이 전혀 없을 때, 환자 개개인이 생명 연장을 포기한다는 의사를 표명하는 서류가 바로 '사망동의서'이다. 그러나 삶과 죽음과 관련된 모든 문제는 법령을 하나 정한다고 해서 해결되지는 않는다. 우리는 더욱 깊이 고찰하고 숙고해야 한다.

유대교도 적극적인 안락사와 소극적인 안락사를 명확히 구별하고 있다. 랍비 사카의 설명을 들어보자. "누군가가 병을 앓아 고통스러워하면서 죽여달라고 요구한다고 치자. 우리는 그 사람을 죽일 수 없다. 유대교에서는 적극적인 안락사가 금지되어 있다. 적극적인 안락사는 살인으로 간주되는 것이다. 소극적인 안락사는 환자가 자연스럽게 죽을 수 있도록 치료를 하지 않는 것이다. 엄청난 고통을 겪으며 어차피 죽을 사람을 치료하여 생명을 연장시키는 짓은 금지되어 있다. 우리는 환자의 고통을 연장시킬 수 없다. 우리는 한편으로는 적극적인 방법으로 환자의 생명을 단축시킬 수도 없고, 또 한편으로는 환자에게 불필요한 고통을 안겨줄 수도 없다."

현대의 전체주의 국가와 테러리스트 집단은 이 다섯 번째 계명을 체계적으로 무시한다. 에스텔라 데 카를로토는 이렇게 말한다. "아르헨티나에서 이 다섯 번째 계명은 군사독재정권에 의해 처참하게 짓밟혔다. 아르헨티나에서는 무려 삼만 명이 실종되었다. 우리가 실종자라는 용어를 쓰는 이유는 사라진 사람들이 수년이 지나도 다시 나타나지 않기 때문이다. 그러나 우리는 이제 살인마들의 고백을 통해 알고 있다. 그 사람들은 모두 죽은 것이다. 날마다 미사에 참석해 성호를 긋고 성체를 받아먹는 그 사이비 기독교인들이 무력을 사용해 사상이 틀린 사람들을 모조리 제거해버린 것이다. 우리 인간이 그런 짓을 했으리라고는 도저히 믿어지지 않는다. 그 인간들은 자신들의 행위에 대해 용서를 구하지도 않는다."

테러리즘에 대해 가르손은 이렇게 말한다. "집단마다 차이가 있기는 하겠지만, 테러리스트들에게 살인은 전략의 일환일 뿐이다. 살인만이 전부는 아닌 것이다. 살인은 일종의 수단이며 때로는 그렇게 중요하게 여겨지지도 않는다. 개인에게는 생명을 잃는다는 것이 가장 중요한 문제이겠지만 말이다. 그러나 테러리즘을 묵인하거나 수동적으로 대처하는 사람들도 많다. 법률적인 의미에서보다 윤리적인 의미에서 이 다섯 번째 계명을 어기는 폭력적인 해결책에 의존하는 사람들이 얼마나 많은가."

'살인하지 못한다' 라는 이 다섯 번째 계명은 우리 삶의 처음과 끝을 관장하는 계명이다. 우선 우리 삶의 끝에 대해 생각해

보자. 죽음은 어디에서 시작되는가? 무엇이 죽음을 가져오는가? 우리는 어느 순간에 한 사람이 완전히 죽었다고 판단하는가? 이제 우리 삶의 처음에 대해 생각해보자. 삶은 언제 시작되는가? 탄생의 순간은 어느 순간인가? 태아라는 세포 덩어리는 어느 순간부터 인격체로 대접받을 수 있는가?

다섯 번째 계명이야말로 우리 인간에게 가장 핵심적인 계명이다. 인간으로서 갖추어야할 가장 기본적인 조건을 문제 삼기 때문이다.

‘살인하지 못한다.’ 이제 막 잉태된 태아의 생명을 죽이는 것도 살인에 해당될까? 혹은 생의 막바지에 이른 사람을 그냥 죽게 내버려두는 것도 살인에 해당될까? ‘살인하지 못한다.’ 이 계명은 죽음만큼이나 부담스러운 계명이다. 우리는 평생 이 문제로 고민하며 살아야 한다. ‘살인하지 못한다.’ 우리의 근원에 대해, 우리의 종말에 대해, 우리 자신이 져야 할 책임에 대해, 우리의 존재에 대해, 우리의 삶을 꾸려나가는 태도에 대해 우리를 고민하게 만드는 계명이다.

간음하지 못한다

06

야훼와 사바테르가
섹스에 대해 이야기하다

뭐라고 대답하실지 알겠습니다만, 꼭 한번 여쭤봐야 하겠습니다. '간음하지 못한다'라는 계명은 시대에 좀 뒤떨어진 게 아닐까요? 네, 그래요……. 한 집의 가장이 자신의 적자(嫡子)가 확실한 자식들에게 유산을 물려주어야 했던 시대에는, 그러니까 남자가 여자의 주인이었던 시대에는 그럴 만도 했겠지요. 하지만 지금은 사고의 틀이 개방된 시대입니다. 섹스 문제는 이제 남녀 사이만의 문제가 아니란 말입니다. 모든 게 변했습니다. 혼전관계도 인정되고, 결혼한 후에 바람을 피워도 그냥 저냥 넘어가는 시대입니다. 미혼을 고집하는 사람들도 있고, 심지어 동성연애자들까지…….

섹스는 복잡한 문제입니다. 압니다, 알아요. 다른 어떤 것보다 사랑이 결부된 섹스가 최고라고 말씀하시겠지요. 좋습니다. 인정합니다. 하지만 우디 알렌의 말을 한 번 들어보시지요. 흥미가 당길 겁니다. "사랑이 결부된 섹스가 으뜸이다. 그러나 사랑이 없는 섹스는 그에 버금가는 것이다." 많은 사람들이 이렇게 생각합니다. 다시 한번 말씀드리겠습니다. 사랑이 결부된 섹스가 그야말로 최곱니다. 그러나 이제는 사랑이 없이도 섹스를 즐길 수 있는 시대가 되었습니다. 화가 나시겠지요. 하지만 요즘은 누구나 다 그렇게 생각합니다. 사람들은 이 문제로 끝없는 토론을 벌입니다. 그래서 드리는 말씀인데, 이 장을 읽어보시면 많은 참고가 될 것입니다. 주님께서 언제가 이런 문제를 당면하시게 되면 도움이 될 것입니다. 차분히 생각해 보십시오.

이웃의 아내를 탐내거나 빼앗지 말라는 계명은 원래 재산의 상속과 양도와 관련된 계명이었다. 간통죄를 범한 사람들이 크게 벌을 받았을 것 같지는 않다. 자식에게 물려줄 것이 전혀 없었던 가난한 사람들은 간통을 크게 문제 삼지도 않았다. 그러나 부자들이나 세력가들은 달랐다. 재산 상속을 위해 혈통을 깨끗하게 유지할 필요가 있었던 것이다.

자신은 다른 여자들을 범하면서 자기 부인에게는 정절을 요구하는 그런 부당하기 짝이 없는 남편들이 있다. 이런 남편들은 자신은 적을 피해 달아나면서 부하들에게는 용감하게 자리를 지키라고 요구하는 못난 장군들과 같다.

플루타르코스

토지나 성(城)이나 재산이 있는 사람들은 부정한 행위로 태어난 자식이 아닌 자신의 맏아들에게 모든 것을 물려주기를 원했다. 그래서 그들은 다른 남자가 자신의 부인을 건드리지 못하도록 온갖 노력을 다 기울였다. 사람들은 이렇게 말했다. "이 잔은 나만 사용할 수 있다. 내 재산을 상속할 후손은 이 잔에서 태어나야 한다." 부인에게는 부당한 처사였다. 남편은 부인 외에도 자신이 원하는 여자들과 한껏 즐길 수 있었으니까.

　물론 일부일처제가 유일한 가족제도는 아니었다. 고대 유대인 사회와 다른 유목민 사회에서는 족장이 여러 아내를 두는 것이 일반적인 관례였다. 그들은 부계중심사회를 이루며 살았던 것이다. 그러나 세월이 흐르고 남성과 여성의 숫자가 동등해지면서 일부일처제가 주류를 이루게 되었다.

　성도덕은 가족제도와 재산 문제와 결부되어 있었다. 로마인들도 성도덕은 철저하게 지켰다. 성적인 금기 사항을 엄격하게 지켰던 사람들은 재산이 있는 '가부(家父)'나 '가모(家母)'였다. 반면에 노예들은 성도덕이라는 것을 모르고 살았다. 노예들이 혼음(混淫)을 하든 근친상간을 저지르든 아무도 상관하지 않았던 것이다.

　주인에게서 풀려난 노예들은 해방노예로 불렸다. 주인들은 노예들을 해방시켰다. 다시 말해 노예들에게 자유를 주었다. 노예들은 자유 시민이 되고 나서도 노예 시절에 몸에 밴 습관을 쉽게 떨쳐버리지 못했다. 노예들은 기존의 자유민보다 좀더 자유분방하게 행동했고 조심성도 부족했다. 그래서 이 해방노예(liberto)가 보여준 행동에서 '방탕(libertinaje)'이라는 단어가 나오게 되었다. 해방노예는 더 이상 노예가 아니었다. 하지만 그들의 행동은 비난받아 마땅했다. 노예들은 사회의 일각을 이루고 있는 다른 사람들이 지니고 있던 규율이라든가 인내라는 덕성을 몰랐던 것이다. 따라서 간음하지 말라는 이 계명은 우선 경제적인 문제와 깊은 연관이 있다. 낭만적이거나 에로틱한 욕망과의 관계는 차후의 문제다. 이 계명은 상속자들 사이에 벌어질 수 있는 갈등과 충돌을 예방하기 위해 만들어진 것이다.

랍비 사카에 의하면 이 계명은 사람들이 쉽게 받아들일 수 없는 것이었다고 한다. "누구와 함께 살아야 한다는 규정은 전혀 없었다. 마이모니데스는 이렇게 얘기한다. 고대에는 남자들이 여자들을 강제로 취하여 아이를 낳고 살다가 나중에는 여자와 자식을 한꺼번에 길거리로 내쫓았다. 가족이나 부부관계에 대한 규정이 없었던 것이다. 여성들은 전적으로 버림받았다. 힘이 있는 자가 사회를 지배했다. 성생활도 방탕하기 그지없었다. 그 시대 사람들이 모두 그랬듯이 유대 민족도 예외가 아니었다. 우리는 지금 성행위가 자유로운 시대를 살고 있다고 떠들지만, 그 시대를 묘사한 글에 나타난 이집트인들의 성생활과 비교하면 우리 시대의 성생활은 아무것도 아니다. 유대 민족도 비록 노예로나마 그 사회의 일부를 이루고 있었다. 따라서 이 계명을 받아들이기 힘들었을 것이다. 이 계명을 지키기 위해서는 육욕을 억제해야했으며, 전적으로 힘에 의해 얻을 수 있는 권리를 포기해야 했으니까 말이다. 그 시대에 이 계명은 실로 혁명적인 계명이었다. 이 계명에는 부부에 대한, 결혼에 대한, 남자의 권리에 대한, 여성에 대한, 아이들에 대한, 그리고 인간으로서 받아들여야할 책임에 대한 규정이 총망라되어 있는 것이다."

우리 시대에는, 적어도 개발 국가에서는, 남성과 여성은 동등하게 행동한다. 남성과 여성을 따로따로 구분해 평가하지 않는다. 남편과 부인은 상호간의 동의 하에 제각기 바람을 피울 수도 있다. 부부는 '스와핑'을 통해 서로의 짝을 교환하기도 한다. 몇 년 전만 해도 천인공노할 사건으로 여겨졌던 행동이 오늘날에는 성행위의 일환으로 버젓이 자행되고 있는 것이다. 우리는 지금 이런 세상을 살고 있다.

아르헨티나 스와핑협회 회장인 다니엘 브라카몬테는 이렇게 말한다. "종교란 종교는 하나같이 사람들을 거세하려든다. 종교는 하나같이 성행위를 멀리하라고 다그친다. 종교는 낭만적인 사랑이 있어야 성을 완벽하게 향유할 수 있다고 주장한다. 하지만 이런 것들은 모두 우리의 본성에 위배되는 것이다. 왜냐하면 인간은 생물학적으로 성적인 쾌락에 이끌리도록 만들어졌기 때문이다. 우리 인간은 생리학적으로 일부일처제와 맞지 않는다. 아무리 의식적으로 노력해도 그렇게 안 되는 것이다.

우리는 지금 가족 개념이 완전히 바뀌어 가는 시점에 놓여 있다. 아주 다양한 가족 개념이 나타나고 있는 것이다. 새로운 부부는 성(性)에 의해 맺어지는 것이 아니라 정(情)에 의해 맺어진다. 남자와 여자, 남자와 남자, 여자와 여자도 서로 맺어질 수 있다. 스와핑은 남자—여자로 이루어진 부부라는 가족제도를 지켜준다. 하지만 우리는 '검은머리 파뿌리 되도록 함께 하기를' 이라는 일부일처제의 주장을 더 이상 따르지 않는다."

'섹스' 라는 말을 들으면 왠지 모르게 몸이 근질근질해지면서 온갖 잡생각이 떠오른다. 작가 다니엘 샘퍼 피사노도 같은 생각인 모양이다. "구약성경을 쭉 훑어보면 유혹하는 장면이 종종 나온다. 슬그머니 미소가 비어져 나오는 장면도 상당히 많다. 아마도 성경을 기록한 사람은 유머감각이 뛰어난 사람이 아니었나 싶다. 그런 장면이 없었다면 우리는 성경을 제대로 이해하지 못할 것이다. 아이러니컬한 장면이 이해의 핵심이 되기도 한다. 우리는 이렇게 말할 수도 있다. '간접적으로 무슨 메시지를 전하고 싶은 모양인데, 이렇게 볼 수도 있고 저렇게 볼 수도 있겠네.' 아이러니는 유머가 있을 때 빛을 발한다는 사실을 우리는 명심해야 한다. 그리고 유머는 정곡을 찌르듯 메시지를 전달할 수 있어야 빛을 발한다는 사실도 우리는 명심해야 한다."

성욕과 간음

성욕은 우리를 압도한다. 성욕을 느낄 때 우리는 거의 언제나 몸을 사리게 되고 두려움에 빠지게 된다. 성욕을 억제하지 않았다면 우리는 일을 내팽개치고 사회적 관계를 어지럽혔을 것이다. 성욕은 너무나 강력한 에너지이다. 따라서 우리는 성욕을 억제하여 조절할 수 있어야 한다. 많은 문화가 사회공동체의 삶을 유지하기 위해 성욕을 억압해 왔다.

간음이라는 것은 사회가 규정한 틀과 규칙을 벗어나 성욕에 굴복하는 것을 의미한다. 물론 사회는 성행위를 인정한다. 그러나 사회가 인정한 시간, 대상, 장소, 규범 등을 위반할 때 그것은 간음이 된다.

내가 보기에 '간음(fornicar)'은 어딘지 도발적인 냄새를 풍기는 표현인 것 같다. 프랑스의 유명한 정신분석학자 자크 라캉은 어느 세미나에서 정확히 '오르니카르(ornicar)'라는 용어를 사용했다. 그 용어는 프랑스어 세 단어를 한 단어로 합성한 용어였지만 내게는 어쩔 수 없이 '간음'으로 들렸다. 라캉도 이런 점을 염두에 두고 일부러 말장난을 쳤을 것이다.

부소 신부는 이렇게 말한다. "교리문답을 가르치다보면 이런 것을 알 수 있다. 아이들은 '간음하지 말라'라는 계명의 의미를 잘 이해하지 못한다. 설교를 하는 사제의 입장에서는 그 의미를 설명하는데 상당히 애를 먹어야 한다. 간음이라는 단어는 매춘을 의미하는 그리스어 '포르네이아(forneia)'에서 파생되었다. 따라서 법이 금지하는 것은 글자 그대로 매매행위로써 남자와 여자가 성관계를 맺는 것이었다. 예수 그리스도는 이 의미를 확대 해석했다. 예수 그리스도는 사랑으로 성관계를 맺는 행위, 나아가 마음속으로 음욕을 품는 것조차 간음으로 규정했던 것이다."

어떤 행위를 금지하는 계명들—특히 이 여섯 번째 계명—은 하나같이 그 금지사항을 범하고 싶은 욕구를 자극시킨다. 이런 관점에서 볼 때 우리는 이렇게 생각할 수도 있다. 금지사항을 규정한 야훼 자신이 포르노그라피를 발명한 장본인이 아니냐. 금지사항이 없었다면 포르노그라피도 생겨나지 않았을 테니까 말이다.

샘퍼 피사노는 이렇게 말한다. "'네 이웃의 셔츠를 다림질하지 못한다'와 같은 계명은 전혀 없다. 만일 이런 금지규정이 있다면 우리는 끊임없이 이웃 사람의 셔츠를 다림질하고 싶은 욕구에 시달릴 것이다. 하지만 우리는 무슨 이유로 신이 이런 장난을 쳤는지 이해해야 한다. 신은 이런 장난을 치면서 재미있어 했을 것으로 생각된다."

나는 에덴동산에서 지켜야 했던 금지사항에 대해 자주 생각한다. 야훼는 사과를 먹지 말라고 명령했고, 뱀은 야훼의 명령을 교묘하게 이용했다. 만일 신이 뱀을 먹지 말라고 명령했다면 그날 밤 아담은 뱀을 저녁거리로 잡아먹었을 것이고, 우리 인류는 사탄의 끊임없는 유혹으로부터 해방되었을 것이다. 만일 신이 우리를 유혹으로부터 구원하고자 했다면 틀림없이 뱀을 먹지 말라고 명령했을 것이다. 신은 아담에게 사과를 먹지 말라고 명령했다. 그래서 아담은 뱀의 손아귀에서 놀아나게 되었고, 지금 우리 형편도 마찬가지인 것이다.

간음이나 기타 부정행위와 관련된 책임의 수준은 시간이 경과함에 따라 엄청나게 변했다. 고대 유대 민족의 역사를 살펴보면, 거의 대부분의 기간 동안 간음은 비난받아 마땅한 행위로 간주되었다. 특히 기혼자들이 자신의 배우자가 아닌 다른 상대와 관계를 맺었을 경우에는 크게 비난받았다. 반면에 미혼자들은 그렇게 큰 책임을 지지 않아도 되었다.

가톨릭이 득세한 이후, 특히 트렌토 공의회 이후 간음과 관련된 책임 문제는 상당히 변했다. 예를 들어, 오늘날 매춘부와 그의 고객은 어느 정도까지 책임을 지는가? 매춘부는 직업인으로서 역할-경제적 사정 때문에 혹은 문화의 특수성 때문에-을 수행한 것이다. 욕정에 못 이겨 혹은 바람기가 있어 다른 사내와 관계를 맺는 여자들의 행위와 매춘부의 행위는 전혀 다른 것이다.

오늘날에 와서는 자신이 좋아하는 사람과 자발적으로 관계를 맺는 간음행위는 책임을 질 일도 아니고, 벌을 받을 일도 아니고, 윤리에 어긋나는 일도 아니다. 강간의 경우는 물론 예외다. 사회 분위기는 점점 간음을 묵인해 가는 추세다. 내가 청소년이었을 때, 간음은 형사 사건에 해당되는 범죄였고, 간음을 범한 사람은 감옥살이를 해야 했다. 요즘에는 상상도 할 수 없는 상황이다. 하지만 이 시대에도 간음을 범한 사람을 돌로 쳐 죽이는 나라가 있다.

요즘에는 간음을 보는 시선이 다양해졌다. 다니엘 브라카몬
테는 스와핑에 대해 이렇게 말한다. "내 마누라가 나 몰래 다른
남자와 성관계를 갖는다면 그건 부정을 저지르는 것이다. 그렇
게 되면 사실 거짓말이 필요 없는 경우에도 부부 사이에 거짓
말을 하게 된다. 우리 부부는 스와핑으로 자유로운 섹스를 즐
긴다. 만일 내 마누라가 남자관계를 내게 숨긴다면 그건 마누
라가 단지 섹스를 즐길 뿐만 아니라 그 남자를 사랑한다는 것
을 의미한다."

유대 민족은 간음을 어떻게 생각했을까? 랍비 사카는 이렇게
설명한다. "남성의 성욕을 일깨우는 것은 시각이고 여성의 성
욕을 자극하는 것은 촉각이다. 따라서 여성은 남성을 마음대로
쳐다볼 수 있고, 또 남성의 아름다운 육체를 감상해도 큰 문제
가 없다. 이와 반대로 남성은 여성을 쳐다보게 되면 육욕에 힙
싸이게 되고, 그래서 까닥 잘못하면 간음을 저지르게 된다."

샘퍼 피사노는 성경과 관련해, 또 여섯 번째 계명의 위반과
관련하여 이렇게 말한다. "이 계명은 한바탕 놀라고 자리를 깔
아준 것이나 진배없다. 성경을 보면 성미가 까다롭고 상징적으
로 아주 중요한 인물들이 간음을 저지른다. 아브라함의 가족을
예로 들어보자. 아브라함은 아주 중요한 인물이었다. 그는 부
족장이었으며 한 민족의 지도자였다. 아브라함은 사라와 결혼
한 상태였다. 사라는 나이가 너무 많아 아브라함에게 자식을

낳아줄 수 없었다. 그래서 아브라함에게 이렇게 제안했다. '야훼께서 나에게 자식을 주지 않으시니, 내 몸종을 받아 주십시오. 그 몸에서라도 아들을 얻어 대를 이었으면 합니다.' 아브라함은 사라의 말을 따랐다. 그래서 이스마엘이 태어났다. 불만을 토로하는 사람은 아무도 없었다."

기독교인들의 행실은 로마인들을 당황하게 만들었다. 로마인들은 특히 기독교인들이 전통적인 가족 개념을 위협한다고 생각했다. 초기 기독교인들은 부부관계나 자식들을 소중하게 생각하지 않았다. 기독교인들은 모든 사람은 서로 형제자매라고 주장했다. 기독교인들은 가족을 버려야 한다고 설교했다. 예수도 언젠가 이렇게 말했다. "너희는 부모와 형제자매를 버리고 나를 따르라." 로마인들은 기독교인들이 집시들과 같은 방랑자의 삶을 주장하는 것으로 생각했다. 기독교인들이 주장하는 삶에는 가족 간의 유대도, 애틋한 정도, 자식도, 책임의식도 찾아 볼 수 없었다. 초기 기독교인들은 공동체를 이루어 모든 재산을 나누어 썼다. 사회의 기본 구성단위로서의 가족이 존재하지 않았던 것이다. 이 모든 것을 로마인들로서는 이해할 수 없었던 것이다.

기독교인들은 그 시대에 맞는 육체의 욕구를 거부했고, 가정을 꾸려나가는 것에도 신경 쓰지 않았다. 그래서 로마인들은 기독교인들을 미풍양속을 해치는 불순분자로 간주했던 것이다.

성 바울로는 고린도 사람들에게 보낸 첫째 편지에서 이렇게 말하고 있다. "미혼 남녀에 관해서는 주님께서 나에게 지시하신 바가 없으므로 내 의견을 말하겠습니다. 남자는 현재 상태를 그대로 유지하는 것이 좋다고 생각합니다. 아내가 있는 사람은 아내와 헤어지려고 하지 말고 아내가 없는 사람은 아내를 얻으려고 하지 마십시오. 그러나 남자가 결혼한다고 해서 죄를 짓는다거나 처녀가 결혼한다고 해서 죄를 짓는 것은 아닙니다. 다만 결혼한 사람들은 세상 고통에 시달릴 터이므로 여러분을 아끼는 마음에서 이 말을 하는 것입니다." 그리고 이런 말을 덧붙인다. "모든 사람의 머리는 그리스도요 아내의 머리는 남편이요 그리스도의 머리는 하느님이시라는 것을 알아두시기 바랍니다." 따라서 "여자가 기도를 하거나 하느님의 말씀을 받아서 전할 때에 머리에 무엇을 쓰지 않으면 그것은 자기 머리, 곧 남편을 욕되게 하는 것입니다. 그것은 머리를 민 것이나 다름이 없습니다. 만일 여자가 머리에 아무것도 쓰지 않아도 된다면 머리를 깎아 버려도 될 것입니다. (……) 남자는 하느님의 모습과 영광을 지니고 있으니 머리를 가리지 말아야 합니다. 그러나 여자는 남자의 영광을 지니고 있을 뿐입니다. 여자에게서 남자가 창조된 것이 아니라 남자에게서 여자가 창조되었기 때문입니다."

이런 구절을 읽다보면 간음이란 생각도 할 수 없게 된다. 결혼도 불필요한 것으로 간주되고, 육체는 업신여김을 당하는 것이다. 어느 누구와도, 심지어 자기 아내와도 성행위를 맺지 못한다는 것이 이웃집 여자와 간음하는 것보다 더 비판받아야 하지 않을까 싶다. 교회 신부들 중 상당수가 육욕을 완전히 포기하기 위해 스스로 거세하기도 했다.

자연스러운 육체의 욕구를 거부하고 가정을 꾸려나가는 것도 거부한 사람들은 로마인들을 당황하게 만들었다. 그래서 로마인들은 기독교인들을 미풍양속을 해치는 무리로 간주했던 것이다.

일부일처제와 일부다처제

우리 인류는 오랜 세월을 거쳐 일부일처제와 일부다처제를 번갈아 사용해 왔다. 내 생각에는 일부다처제가 일부일처제보다 좀 더 자연스러운 제도인 것 같다. 생산의 생리학에 비추어 볼 때 일부다처제가 더 합리적이기 때문이다. 남성은 여러 여성에게 골고루 씨를 뿌릴 수 있지 않은가.

인구 증가가 절실히 필요했던 시기에 족장―원기 왕성한 수컷―은 보다 많은 후손을 확보하기 위해 가능한 한 많은 여자를 임신시켰다. 그러나 세월이 흘러 남녀의 성비가 균형을 이루게 되자 부족 내의 갈등을 줄이기 위해 일부일처제가 강요되기 시작했다. 그렇다고 해서 일부다처제가 부정한 행위로 간주되지는 않는다. 일부다처제에도 나름대로의 정조 관념이 있는 것이다. 일부일처제는 한 여자에게 정절을 강요하는 것이고, 일부다처제는 여러 부인에게 정절을 강요하는 것이다. 일처다부제라는 것도 있다. 여러 명의 남자가 한 여자를 공유하는 제도이다. 하지만 이런 경우는 아주 드물다. 보편적인 생리 현상에 반하는 제도이기 때문이다.

에밀리오 코르비에르는 이렇게 설명한다. "유대기독교 사회와 이슬람교 사회에서는 섹스를 인간의 어리석음이 빚어낸 문제로 보았다. 소크라테스 이전의 그리스인들은 진정한 섹스를 즐겼다고 볼 수 있다. 그들에게 있어 섹스는 자유롭게 즐길 수 있는 놀이와 다름없었다. 섹스를 죄로 단정 짓는 유대기독교의 개념은 역사의 진보에, 인류의 진보에 있어 걸림돌이었다."

이 모든 규범은 에로티시즘이 규제 당하던 시대, 즉 자녀 생산을 위한 성행위를 제외한 모든 성행위가 규제 받던 시대에 나타난 것이다. 그러나 18세기로 접어들면서 에로티시즘은 자녀 생산에 기여했을 뿐만 아니라 사람들의 쾌락도 충족시켜주게 되었다.

요즘에는 소위 '순차적인 일부일처제'가 성행한다. 사람들은 교묘하게 결혼과 이혼을 번갈아 가며 일부일처제를 지켜나간다. 평생 동안 단 한 사람과 일부일처제를 지켜나가는 사람은 보기 힘들다. 일부일처제라고는 해도 계속해서 짝이 바뀌는 것이다. 우리는 이 문제를 사회적 역할분담의 변화와 관련하여 생각해보아야 한다. 여성이 직업세계로 뛰어들기 시작하면서 결혼제도도 엄청난 변화를 겪었던 것이다.

섹스 문제에 있어서 남성은 언제나 여성에 비해 너그럽게 용서받았고, 그래서 보다 자유롭게 행동할 수 있었다. 그와 반대로 여성은 가혹한 처분에 처해졌다.

그러나 이상한 점이 하나 있다. 신화를 두루 살펴보면 음탕한 것으로 이름을 날린 사람들, 끝없는 욕정으로 시달린 사람들, 배신자로 유명한 사람들은 모두 여성인 것이다. 반면에 수 세기 동안 실제로 그런 행동을 일삼아온 남성은 순수하고, 고상하고, 순정적인 남편으로 그려진다.

남성과 여성의 행위를 이중 잣대로 재기 위해 그런 속임수가 벌어진 것이다. 남자는 자기 부인이 아닌 다른 여자와 마음대로 성행위를 가질 수 있다? 만일 우리가 이것을 어느 정도 자연스러운 현상으로 인정할 수 있다면, 여자에게도 그와 똑같은 권리가 있다는 것도 인정해야 할 것이다.

남자와 여자는 여러 가지 이유로 부부로서 함께 살아간다. 경제적인 이유가 있을 수도 있고, 가족 제도를 유지하기 위해서일 수도 있고, 자식을 낳아 키우기 위해서일 수도 있다. 그러나 요즘처럼 개인주의와 향락주의가 판을 치는 세상에서 함께 살아가기 위해서는 사랑과 애정이 절대적으로 필요하다.

애정과 사랑은 육욕과는 달리 절대 마르고 닳지 않는다. 우리는 누군가에게 진한 애정을 느끼고 삶의 동반자로서 함께 살고 싶어 할 수 있다. 그러나 호기심에서든 매력을 느껴서든 다른 여자와 잠자리를 같이 하고 싶어 할 수도 있다. 함께 살고 싶은 욕심이 전혀 없어도 말이다.

그래서 우리는 애정을 바탕으로 평생을 함께 사는 배우자-생의 반려자, 함께 일하고, 함께 걱정하고, 함께 기뻐하고, 함께 가족을 보살피는 사람-가 있으면서도 종종 다른 사람과 섹스를 즐기기도 한다. 섹스에 대한 욕구는 너무나 자극적이다. 우리의 감각을 충족시켜주는 것이다. 한번 섹스에 맛을 들이게 되면 다른 것은 생각도 못하게 되는 것이다. 다시 한번 얘기하겠다. 평생을 함께 살고 싶은 사람도 있고, 단지 섹스만 하고 싶은 사람도 있다. 그리고 평생을 함께 살면서 섹스를 하고 싶은 사람도 있다.

사람들은 갈수록 애정과 섹스를 별개의 것으로 생각하는 것 같다. 바람을 피워도 부부간의 애정에 금이 가지 않는다. 바람을 피웠다고 해서 이혼하지도 않는다. 결혼생활을 착실히 유지하면서도 종종 다른 여자/남자와 섹스를 즐기는 것이다.

신화적인 냄새가 약간 풍기기는 하지만 60년대는 최대의 자유를 누렸던 시기로 인정된다. 60년대는 에로티시즘이 강력하게 대두한 시대였다. 60년대는 피임의 시대였고 자유분방한 사랑의 시대였다. 나도 이 시대에 대해서는 할말이 많다. 당시 나는 스물한 살이었다. 남성 호르몬이 미쳐 날뛰던 시기였던 것이다. 그때 우리는 과거의 규범을 여지없이 깨버렸다. 하긴, 우리는 지난 과거를 지나치게 미화해 보는 경향이 있다.

우리는 억압이 없는, 좀 더 관대한, 자유분방한 시대에 이르렀다고 믿었다. 우리는 아무 거리낌 없이 사람들을 사귀었다. 그런데 80년대 중반에 이르자 에이즈라는 가공할만한 병마가 나타났다. 에이즈는 먼저 동성연애자들 사이에 나타나더니 점점 이성 연애자들 사이로 퍼져나갔고, 이제는 성행위를 할 때 주의를 기울이지 않은 모든 사람들까지 잡아먹고 있다.

근엄한 청교도들 혹은 미신에 사로잡힌 사람들은 이 기회를 이용해 에이즈를 신이 내린 천벌이라고, 새로운 역병이라고 주장했다. 사실 에이즈는 자유를, 유연한 생활습관을 위협하는 존재가 되었다. 에이즈 때문에 일련의 강제적인 통제가 도입되었다. 윤리적인 차원에서가 아니라 단지 위생적인 차원에서 지켜야 할 규범이 양산되었던 것이다. 모두 미신과는 상관없는 이치에 맞는 규제였다. 섹스와 관련된 규제들 중 구십 퍼센트

는 윤리도덕보다는 위생과 관련해 나온 것이다. 사실상 윤리도
덕이라는 것은 사람들의 허리 밑 문제에는 별로 신경 쓰지 않
는다.

정절을 지킨다는 것은 미덕일 수 있다. 그러나 내가 보기에
정절은 지극히 안쓰러운 미덕일 뿐이다. 정절을 지키기 위해서
는 생리현상마저 억제해야 하기 때문이다. 이런 점에서 칸트의
결혼에 대한 정의를 되씹어볼 필요가 있겠다. 칸트는 결혼을
'임대차 계약'의 일종이라고 했다. 부부는 계약을 맺어 상대의
성기(性器)를 독점적으로 사용한다는 것이다. 상당히 낭만적이
고 아름다운 소리로 들릴 수도 있겠다. 칸트는 결혼을 그런 식
으로 생각했기 때문에 평생 결혼을 하지 않았다. 당연한 처사
였다.

나는 정절의 의미가 칸트의 사상과 어느 정도 부합한다고 믿
는다. 한 남자와 한 여자가 있어 서로의 성기를 임대하기로 결
정했다고 치자. 그런데 어느 쪽 일방이 자신의 성기를 다른 사
람에게 임대한다고 치자. 이것은 집을 빌린 사람이 집주인에게
알리지도 않고 그 집을 다른 사람에게 빌려주는 처사와 같다.

정절은 신용이다. 누군가에게 충실해지는 것이다. 그러나 그
의미의 폭은 상당히 넓다. 섹스만이 문제가 아닌 것이다. 상대
에게 애정을 베풀고, 상대와 취미생활을 같이 하고, 사랑으로
집안일을 돌보고, 함께 잘 살아보기 위해 노력하는 것이다. 만
일 정절을 지킨다는 것이 칸트가 정의한 것처럼 성기에 대한

'임대차 계약' 조건을 충실히 이행하는 것이라면, 정말이지 정절은 안쓰럽기 짝이 없는 미덕이다. 재고할 가치도 없는 부르주아의 규범인 것이다.

다소 시니컬한 와일드의 이 발언은 와일드 자신의 또 다른 발언을 덧붙이면 비로소 완전한 의미를 갖게 된다. 와일드는 미국을 여행하는 동안 나이아가라 폭포-신혼여행지로는 최고-를 보고 이렇게 말했다. "미국인 신혼부부에게 두 번째로 환멸감을 심어주는 장소로군." 예전에는 청춘 남녀들이 에로틱한 경험을 별로 하지 못한 상태에서 결혼을 했다. 경험도 없이 신화와 환상에 젖어 결혼을 하다보니 쉽게 실망하게 되는 것이다. 결혼을 하기 전이든 그 후든 육체는 금방 싫증을 내고 마는 것이다.

부부가 함께 살면서 공동으로 추구해야 할 것은 의사소통, 상호이해, 상호보완, 상호협력과 같은 것이다. 이런 것들은 며칠이나 몇 달이 아니라 수년에 걸쳐 이루어진다. 결혼 초기의 육체적인 매력은 오래 가지 못한다. 부부가 진정으로 서로를 사랑하며 오래 살다보면 상대방의 진정한 매력을 알 수 있게 된다.

성 바울로-기독교를 정착시킨 장본인-는 인간의 욕망에 대해 처음으로 말을 꺼낸 사람들 중 한 사람이다. 성 바울로는 인간을 평생토록 얽어매는 세 가지 억제할 수 없는 욕구, 세 가지 리비도, 세 가지 과도한 열망이 있다고 생각했다. '리비도 코그노센디(libido cognoscendi)'는 지식에 대한 억제할 수 없는 욕구, '리비도 도미난도(libido dominando)'는 지배와 명령과 소유에 대한 억제할 수 없는 욕구, '리비도 센티엔디(libido sentiendi)'는 감각과 쾌락에 대한 억제할 수 없는 욕구다.

이 세 가지 영역에서 인간의 욕구는 넘쳐흐른다. 이 세 가지 욕구가 인간을 질질 끌고 가는 핵심적인 열정이다. 그래서 우리 인간은 이 세 가지 욕구와 끊임없이 맞서 싸워야 한다. 이 세 가지 욕구 중에서 우리의 동물적·감각적 본성과 가장 밀접한 관계에 있는 것이 바로 '리비도 센티엔디', 즉 관능적인 쾌락에 대한 욕구, 다시 말해 즉각적인 보상을 요구하는 욕구다. 다른 두 가지 욕구는 시간을 두고 천천히 해결해도 무방하다. 우리는 지식에 대한 욕구나 권력에 대한 욕구는 뒤로 미룰 수 있다. 그러나 우리의 감각적인 욕구는 지금 이 자리에서 끝장을 보기를 원한다. '리비도 센티엔디'는 비록 순간적이고 일시적이라하더라도 즉각적인 쾌락을 요구한다.

어쨌든 성행위는 언제나 까딱 잘못하면 어떤 형태로든 처벌을 받아왔다. 미국과 같은 선진국에서도 마찬가지였다. 미국에서는 60년대까지만 해도 항문 성교를 한 사람은 감옥살이를 해야 했다. 자기 부인과 한 사람도 예외가 아니었다. 우리 이웃 중에 이런 사람이 있을지도 모른다. 그 사람은 잔뜩 심술을 품고 하루 온종일 우리를 감시할 것이다. 그러다가 우리가 범죄를 저지르는 바로 그 순간 경찰과 함께 현장에 나타날 것이다.

여섯 번째 계명을 보고 있으면 슬그머니 미소가 번져 나올 수도 있다. 심술궂은 미소가. 이 여섯 번째 계명은 간통, 혼외정사–끔찍한 말이다–, 부정한 행위, 모든 욕구에 대한 계명이다. 이 계명은 가족관계, 엄격하게는 섹스와 관련된 문제, 정절, 결혼 등을 총망라한다. 우리는 이 계명을 살펴볼 때 종교적·윤리적·사회적·위생학적 차원뿐만 아니라 심지어 의학적 차원도 고려해야 한다.

도둑질하지 못한다

07

작가가 하느님에게 도둑질의 의미를 분명히 해달라고 요구하다

'도둑질하지 마라.' 정말 옳으신 말씀입니다. 정말 유익한 충고입니다. 도둑질은 우리 인간이 수세기에 걸쳐 저질러온 악행입니다. 그런데 주님의 말씀은 좀 분명하지가 않습니다. 도둑질은 과연 정확히 무엇을 의미합니까? 어느 아버지가 있어 자식이 배가 고파 죽어 가는 것을 보다 못해 빵 부스러기를 훔쳐 자식에게 먹이면 그게 도둑질입니까? 한 지역을 통째로 약탈해 모은 재산으로 호의호식하면 그게 도둑질입니까?

모세가 살던 시대에는 어떠했는지 모르겠지만, 오늘날에는 도둑질도 여러 가지입니다. 조금 훔치는 사람은 좀도둑이라고 해서 감옥살이를 시킵니다. 반면에 무더기로 훔치는 사람은 재벌이라고 해서 온갖 칭찬과 찬양을 늘어놓게 됩니다. 그 경영 능력을 높이 평가하는 것이지요.

주님은 좀 더 신경을 썼어야 했습니다. 왜 좀 더 신경을 쓰시지 그랬습니까? 무슨 이유로 도둑질의 뜻을 분명하게 못 박지 않으셨습니까? 이렇게 뜻이 불분명하다보니 이 계명이 잘 지켜지지 않는 것입니다.

가끔 이런 생각이 듭니다. 주님께서야 계명으로 금지사항을 만드셨지만,

사람들은 오히려 그 금지사항을 이용해 치부하고 있는 것입니다. 요즈음은 사회의 귀감이 되는 거대한 단체들이 엄청난 도둑질을 벌이고 있습니다. 왜 다시 한번 말씀하시지 그러세요. 낙타가 바늘구멍으로 들어갈 수 없듯이 부자는 주님의 왕국에 들어갈 수 없다고 말입니다. 제발 부탁입니다. 주님이 말씀하시는 바늘구멍은 예루살렘 성전의 문을 가리키는 것이 아니지 않습니까. 진짜로 작은 구멍이겠지요. 낙타와 마찬가지로 부자라고 해도 들어갈 수 없는 그런 구멍 말입니다.

앞에서도 살펴보았지만, 십계명은 본래의 의미와 오늘날의 의미가 상당히 아니 무척이나 다르다. 시대의 변화에 따라 그 의미 역시 변했던 것이다.

'도둑질하지 못한다'라는 계명은 원래 유괴나 납치를 금한다는 계명이었다. 영혼을 훔치지 말라, 즉 사람을 훔치지 말라는 것이다. 모세가 살았던 시대는 유괴가 횡행했던 시대였다. 그 시대 사람들은 노예로 삼기 위해 혹은 기타 등등의 이유로 사람들을 납치했다. 그래서 그런 행위를 벌주기 위해 이런 계명이 나타났던 것이다.

랍비 사카는 이렇게 설명한다. "사람을 훔친다는 것은 그 사람을 죽이는 것과 같다. 유대인 사회에서는 마치 물건처럼 사람을 훔쳐서 파는 자들은 사형에 처해졌지만, 물건을 훔치는 자들은 사형에 처해지지 않았다. 유대 민족은 이집트인들의 지배를 받았을 때, 이집트인들 밑에서 노예생활을 했을 때, 사람을 훔치고 판다는 것이 어떤 것인지 뼈저리게 느꼈을 것이다. 모세는 자기 민족을 노예상태에서 해방시키기 위해 파라오와 맞서 싸웠던 것이다."

우리 육체는 우리 각자의 가장 기본적인 소유물이다. 다른 사람에 의해 이용되거나 납치되거나 조정 당하기를 원하는 사람은 아무도 없다. 자기 자신의 육체에 대한 권리인 '인신보호

영장(habeas corpus)' 제도가 법으로 규정된 것도 바로 이런 이유 때문이다. 우리는 타인의 육체를 법적으로 보호해야 하고 사회적으로 존중해야 한다. 하지만 자기 자신의 몸뚱이조차 제대로 간수하지 못하는 사람들도 많다. 단지 육체뿐만 아니라 다른 사람들과의 관계, 애정, 사랑, 희망 등도 우리는 고려해야 한다. 예를 들어보자. 우리와 가까운 친척들은 우리의 육체에 대해서도 신경을 많이 쓴다. 그래서 우리가 그들 품에서 벗어나기라도 하면 큰 아픔을 겪는다.

나폴레옹 보나파르트

지난 세기의 역사는 무수한 범죄로 얼룩져 있다. 수많은 독재자들이 수많은 남녀를 연령을 가리지 않고 납치했다. 납치는 공공연하게 자행되었고 그 효과 또한 컸다. 에스텔라 데 카를로토는 이렇게 말한다. "정치적인 경쟁자가 사라졌다는 것은 그들이 납치당했다는 것을 의미한다. 이제 우리 모두는 알고 있다. 아르헨티나에서는 한 세대(世代)가 완전히 사라졌다. 그 세대는 지적이고 능력 있고 정직한 세대였다. 만일 그 세대가 아직 살아 있다면 권력의 핵심부를 차지해서 그들이 원했던 방식에 따라 일을 처리해 나갔을 것이다. 그들은 정의를 실천했을 것이다. 그러나 그들은 생각할 수 있는 권리, 생존의 권리를 박탈당했다. 아르헨티나에서는 물건에 대한 절도행위뿐만 아니라 지성에 대한, 감성에 대한, 역사에 대한 약탈행위도 자행되었다.”

카를로토는 이렇게 덧붙인다. “독재정권은 철두철미하게 계획을 세웠다. 독재정권은 수많은 범죄행위를 저질렀다. 그 중에서도 어린아이 유괴는 실로 가공할만한 범죄였다. 어린아이 유괴는 실로 야비한 범죄가 아닐 수 없다. 독재정권은 임신한 젊은 여자들을 집단수용소에 수용했고, 보살펴주는 사람도 없고, 먹을 것도 없고, 위생상태도 엉망인 비참한 상황에서 아이들이 태어났다. 독재정권은 그 아이들을 어머니 품에서 빼앗아 어디에 사는 누구인지도 알 수 없는 사람들에게 넘겨주었다. 그래서 우리의 손자 손녀는 태어나면서부터 친아버지와 친어머니와 살 수 있는 권리를 빼앗긴 채 양부모와 살아야 했던 것이다.”

소설가 루이스 세풀베다는 이렇게 덧붙인다. “이런 가공할만한 범죄는 종교에 깊이 빠져 있는 작자들에 의해 저질러졌다. 라틴아메리카의 군인들은 하나같이 자신들이 신실한 가톨릭 신자라고 떠든다. 이 작자들은 주일 미사에 꼬박꼬박 참석한다. 예를 들어, 아르헨티나의 마세라 제독은 날마다 미사에 참석하는 인물이었다. 종군사제가 없이는 꼼짝도 하지 않았던 군대도 많이 있었다. 사제들은 군부대를 쫓아다니며 끊임없이 십계명을 들먹였다. 그러나 군인들은 끊임없이 파렴치한 범죄를 저질렀다. 남자, 여자, 어린아이를 가리지 않고 사람들을 훔쳐냈던 것이다. 가장 끔찍한 것은 사람들의 시간관념을 빼앗은 것이었다. 사람들은 이 불확실한 현재, 끔찍한 현재에서 살아남기에 급급했다. 내 주변에도 납치를 당했던 사람들이 많이 있다. 내 집사람은 칠레에서 납치당하여 6개월 동안을 실종 상태에 있었다. 이렇게 볼 수도 있다. 내 집사람은 자식을, 남편을, 부모를 납치당한 채 6개월을 살아야 했던 것이다. 아주 끔찍한 경험이었다. 그 당시에는 달력과 시간이 한 자리에 멈춰서버린 것 같았다."

우리는 절도라고 하면 일반적으로 물건을 훔치는 행위를 떠올린다. 다른 사람의 물건을 불법적으로 빼앗는 행위 말이다. 그러나 어쩔 수 없는 절실한 상황에서 다른 사람의 물건을 훔칠 수밖에 없었을 경우, 이 경우도 절도라고 불러야 할지 망설여진다. 자식이 굶어 죽어 가는 꼴을 보게 되는 경우, 혹은 절실하게 약이 필요한 경우, 그런데 돈을 도저히 마련할 수 없는 경우, 남의 물건에 손을 대지 않고 배길 수 있는 사람이 누가 있겠는가? 이 경우를 사람을 훔치는 경우나 돈 많은 기업을 훔치는 경우와 비교할 수 있단 말인가? 그럴 경우 우리는 절도범을 딱 부러지게 정죄할 수는 없을 것이다. 빵 한 조각을 훔친 사람과 자식에게 먹일 양식을 과부로부터 빼앗은 사람은 윤리적으로 또 법률적으로 다르게 판단해야 할 것이다.

간디의 이 말은 우리에게 많은 것을 생각하게 만든다. 실로 어처구니없는 경우가 실제로 벌어지고 있다. 수백만 명의 가난한 사람들이 굶주림으로 죽어 가는 한편, 특권을 누리는 사람들은 소화불량으로 죽어 간다. 한쪽에서는 너무 많아 죽어 가고, 한쪽에서는 너무 부족해 죽어 간다. 우리는 이런 부당한 현실을 깨닫고 개선해보려고 노력하지만 상황은 호전되지 않는다. 아무리 소리쳐 외쳐도 소용없는 것이다.

대중과 약탈

우리 시대와 같은 대중의 시대에는 절도도 종종 대중에 의해 저질러진다. 사회가 혼란 상태, 무질서 상태로 접어들면 대중에 의한 약탈, 노략질이 자행된다. 대중에 의한 약탈은 일반적으로 사회·경제적인 문제로 야기된다. 미국의 인종 폭동과 전쟁 이후의 굶주림으로 인한 폭동을 예로 들 수 있다. 폭동이 일어나면 천대받고 학대받던 대중은 상점가를 급습한다. 물론 필요한 물품을 마련하기 위해 그렇게 하겠지만, 그 동안 받은 고통에 대한 분풀이를 하기 위해 그렇게 하기도 한다. 혐오감을 불러일으키는 약탈도 있고, 지진이나 홍수와 같은 재난으로 인하여 벌어지는 약탈도 있다. 약탈의 피해자들을 도와주기는커녕 다른 사람이 약탈한 물건을 다시 빼앗는 인간들도 있다. 소비와 상품과 유혹이 판을 치는 사회에서는 약탈이 전국민적인 축제로 돌변할 수도 있다.

마르틴 카파로스는 약탈을 이렇게 생각한다. "약탈이 자행되는 순간 사람들은 무한정한 자유를 만끽하게 된다. 돈이 없어 구하지 못했던 것을 마침내 손에 넣을 수 있기 때문이다. 그 순간 자본주의적 질서는 무너진다. 사람들은 원하는 것을 마음껏 차지할 수 있게 된다. 화폐라는 매개물은 더 이상 필요 없다."

우고 무히카의 생각은 이와 다르다. "약탈을 통해 자유를 만끽한다고 볼 수는 없다. 약탈은 필요에 의해 자행된다. 자유는 약탈을 허용하지 않는다. 약탈을 행하는 자에게는 이미 자유란 없다. 약탈자가 자신의 권리를 회복했다는 만족감을 느낄 수는 있다. 그러나 인간의 존엄성에서 벗어나 저질러진 모든 행위는 자유를 잃어버린 행위이다. 가족을 부양할 수 있는 직업이 있는 사람만이 진정한 자유를 누릴 수 있다."

큰 도둑에게는 영광을, 좀도둑에게는 감옥을.

파블로 네루다

예로부터 전해 내려오는 명언이 있다. 조금 훔친 사람은 좀도둑이라 불리고, 크게 한탕 친 사람은 위대한 사업가로 불린다. 실제적인 절도 행위와 간덩이 큰 경제적인 조작 행위를 딱 잘라 구분하기는 결코 쉬운 일이 아니다. 경제의 내부 구조를 꿰뚫고 있는 사업가들은 법을 어기면서까지 종종 불법적인 일을 벌인다. 똑같은 행위도 경우에 따라 합법적인 행위로, 때로는 약간 불법적인 행위로, 또 때로는 확실한 불법 행위로 간주되기도 한다. 돈이면 모든 것이 해결되는, 치외법권 지역이라고 할 수 있는 그런 천국도 있다. 이런 곳에서는 다른 곳이라면 엄격하게 적용될 법이 맥을 추지 못한다. 투자가들이 시스템을 이용해 돈을 긁어모으는 그런 난장판도 있다. 그런 사람들은 법적인 의미에서는 범죄자가 아니지만 윤리적인 의미에서는 다른 사람의 재산을 훔치는 강도들이다. 우리는 우리 인간의 행위를 판단할 때, 특히 가난한 사람들의 행위를 살필 때 합법성과 윤리성을 따로 구분해서 판단해야 한다.

끝없이 탐욕을 부리는 사람들이 있다. 몇 백 년을 살아도 충분할 만큼 돈이 있으면서도 계속해서 훔치는 사람들. 문제는 바로 이런 인간들이다. 인간은 기껏해야 하루에 두 끼니 내지 세 끼니밖에 먹지 못한다. 잠을 잘 때에도 침대 하나면 충분하다. 한계효용이라는 것이 있는 것이다. 한계효용을 넘을 때, 돈은 보탬이 되는 것이 아니라 걸림돌이 된다.

루이스 세풀베다는 돈에 대해 이렇게 말한다. "돈은 이제 대중의 우상이 되었다. 사람들은 갈수록 돈 돈 하면서 돈에 의존한다. 사람들은 돈을 모으느라 정신이 없다. 돈이면 뭐든지 다 할 수 있다고 생각한다. 백만장자로 〈포브스(Forbes)〉에 이름을 올리기 위해 도둑질을 일삼는다. 무기거래를 통해, 인신매매를 통해 돈을 긁어모으는 사람들이 있다. 마약 장사로 돈을 버는 사람들이 있다. 돈을 버느라 사람들의 건강을 해치는 인종들, 돈을 버느라 사회의 건전한 발전을 훼방 놓는 인종들이 있는 것이다.”

도둑질은 언제나 권력에 대한 욕심과 결부된다. 원시시대부터 그래왔다. 원시인들은 어느 순간부터 맨주먹이 아니라 몽둥이를 사용해 사냥을 하게 되었다. 그런데 이 몽둥이라는 것은 그 사용용도가 다양했다. 단지 짐승을 죽이는 데에만 사용되지는 않았던 것이다. 원시인들은 사람을 물건처럼 빼앗을 생각은 하지 않았지만, 몽둥이로 위협해 다른 사람들의 소유물을 빼앗았다. 다시 말해 몽둥이를 가진 사람이 권력을 차지했던 것이다.

다른 계명과 마찬가지로, 이 계명도 시간이 흐름에 따라 그 의미가 달라졌다. 페라라라는 아름다운 이탈리아 마을을 처음으로 방문했던 때가 기억난다. 우아하고 멋진 별장이 많은 마을이었다. 르네상스가 한창 무르익었을 시기에는 마을 주민 중 구십구 퍼센트 이상이 문자를 깨치고 있었던 그런 마을이었다. 한 마디로 말해서 문화도시였다. 그 아름다운 정경 가운데 에

스테 가문의 성채가 우뚝 솟아 있었다. 높은 성벽으로 단단히 둘러싸인 성채였다. 마치 『백설공주』에 나오는 성채 같았다. 마을을 지배하던 사람들이 살았던 성채였다. 셰익스피어의 극에나 나옴직한 사람들, 마리오 푸조가 쓴 소설 『대부』에 등장했을 법한 인물들. 지배자들은 잔인한 살인마들이었다. 그들은 서로서로 잡아 죽였다. 그러나 그들은 약탈한 재산을 예술을 장려하고 문맹을 깨치는데 사용했다. 그렇게나 잔인했던 사람들이 어떻게 돈을 예술을 장려하는데 사용할 생각을 했는지 궁금하기 짝이 없다. 오늘날에는 돈을 그저 먹고 입고 노는데 다 써버리는데 말이다.

나라를 훔칠 경우

현대의 복지국가는 우리 문명이 이룩한 성과 중의 하나가 틀림없다. 예를 들어 국가가 보장하는 사회보험, 실업자 보호책, 건강보험 등은 인류의 도덕적인 진보를 확실하게 보여주는 증거들이다. 이런 의미에서 보자면 우리는 아리스토텔레스나 볼테르가 살았던 시대보다 도덕적으로 훨씬 진보한 시대를 살고 있다고 장담할 수 있다.

복지국가를 보장하는 것은 정권을 잡은 좌익이나 우익이 아니라 문명이다. 우리는 이제 한 단계를 뛰어넘었다. 국가는 이제 각각의 사회구성원을 염려하게 되었다. 예전처럼 단순하게 지배하는 수준을 넘어선 것이다. 그러나 사회보장제도를 유지하기 위해서는 비용이 많이 든다는 점, 납세자들에게서 더 많은 세금을 거둬들여야 한다는 점이 문제다. 한번 생각해보자. 국민들이 자기 수입의 절반을 국가에 세금으로 바쳐야 하는 나라가 있다. 우리는 봉건 시대와 왕정 시대를 겪어보았지만 지금까지 그렇게나 많은 세금을 바친 적은 없었다. 봉건 영주들은 오늘날의 복지국가와 비슷한 정도의 불완전한, 혹은 명목뿐인 보호를 제공했지만 그렇게나 많은 세금을 요구하지 않았다.

이 문제에 대한 마르틴 카파로스의 견해는 상당히 특이하다. "사람들은 수천 년 전에 맺은 케케묵은 계약 때문에 국가가 자신의 수입의 일부를 빼앗아가도 묵묵히 감수해야 한다. '내가 가진 것 중 일부를 주겠다. 그 대신에 나를 보호해 달라.' 오랜 전통을 자랑하는 계약이다. 마치 마피아와 맺는 계약과 같다. 처음에는 군사적인 보호에 한정되었지만 차츰차츰 건강, 교육, 조직에 대한 보호로 확대되었다. 일정한 보호를 받기 위해 자신의 재산을 빼앗아가도 묵인해주는 것이다. 따라서 우리는 국가가 보호자로서의 역할을 이행하지 못할 때 국가에 항의하게 된다."

국가에 바치는 세금이 지나치게 과중한 경우도 종종 있다. 국가가 예산을 적절하게 분배하지 못할 경우―국민들에게 서비스를 제공하고, 국민들을 보호하고, 국민들에게 도움을 주고,

국민들의 삶을 안락하게 해주는 등-, 우리는 무력시위를 통해
합리적인 예산 분배를 요구하기도 한다. 불필요한 공공사업을
계약하는 공무원, 사기극에 휘말린 공무원, 업무를 핑계로 고
위 간부와 고급스런 식사를 즐기는 공무원, 해마다 증가하는
기술 투자 필요를 충족시킨다는 이유로 쓸모도 없는 무기를 사
서 병기고에서 녹슬게 만드는 공무원, 이런 공무원들은 진짜
도둑놈들이다. 그야말로 합법적인 도둑놈들인 것이다. 세금을
내는 국민들이 사회로부터 보호를 받고 이익을 얻어야 한다.
세금이 국민들의 의식과 의지를 억압하는데 사용되어서는 절
대 안 되는 것이다.

　부소 신부는 이렇게 말한다. "예전에는 가난한 사람들이 오
로지 자선에 의지했지만, 현대인들은 예전과 달리 사회보장제
도와 법률에 의해 보호되어야 한다. 오늘날의 사회는 건강이나
교육 문제까지도 법률로 정하고 있는 형편이다. 따라서 가난한
사람들이 부당한 사회제도 때문에 손해를 보고 낙후된 삶을 살
고 있는 것을 보면 끓어오르는 분노를 참을 수 없다."

다른 사람의 사상을 훔칠 경우

　우리는 절도행위를 돈이나 기타 유형(有形)의 물질과 연관해
서 생각하기 쉽다. 그러나 무형의 물질을 훔치는 경우도 있다.

예를 들어 사상, 발명 특허권, 음악의 테마, 소설이나 희곡의 줄거리 등이 있을 수 있다. 비물질적이지만 가치가 높은 이러한 부를 창출하는 인간의 창조성은 어떻게 보호해야 하는가? 특히 요즘처럼 정보가 중요한 시대에 있어서 말이다. 우리는 지금 물질적인 재산보다 지적 재산권이 훨씬 중요한 시대를 살고 있는 것이다.

마르코스 아기니스는 이 문제에 대한 자신의 입장을 명백하게 밝히고 있다. "이 문제는 다음과 같이 생각해야 할 것 같다. 우리는 타인의 것을 빼앗지 않기 위해 갖은 노력을 기울여야 한다. 우리는 각자 나름대로의 장점이 있다. 우리는 이런 점을 인정해야 한다. 우리 각 개인은 아무에게도 빼앗길 수 없는 부의 원천이다. 우리는 우리의 재산을 보호해야 한다. 우리를 격려하고 우리를 인간답게 만드는 것이 바로 그 재산이기 때문이다. 예를 들어보자. 집단주의적이거나 전체주의적인 이론은 사람들에게 익명성을 강요한다. 그러나 예술에서는 인간 개개인의 특성이 고스란히 드러난다. 베토벤이 아니었다면 그 누가 〈9번 교향곡〉과 같은 작품을 쓸 수 있었겠으며, 도스토예프스키가 아니었다면 그 누가 『카라마조프가의 형제들』이라는 소설을 쓸 수 있었겠는가."

작가 마르셀로 비르마헤르는 이렇게 말한다. "몸이 음식물을 원하듯 인간의 영혼은 개성을 요구한다. 우리는 이렇게 얘기할 수 있어야 한다. 이것을 발명한 사람은 바로 나다, 나는 이것에 내 이름을 붙일 것이다. 이 혼란스러운 땅에서 가끔씩이나마 나를 위로해 주는 것은 내가 창조한 것을 꼽아보는 일이다. 이 땅에서 무슨 일이 벌어지는지는 오직 신만이 알고 있다. 신비로 뒤덮인 세상, 나는 아무것도 모른다.”

우리는 과학기술의 발전이 지배하는 시대를 살고 있다. 이제 이 계명을 작가의 권리와 관련해 생각해보자. 아직까지도 작가의 권리는 확실하게 규정되지 않았다. 그러나 지금까지 알려진 사실들이 점점 변하고 있다. 요즘 시대는 최근에 발간된 책을, 최근에 녹음된 음악을, 아직까지 상영되지 않은 영화를 인터넷을 통해 듣고 볼 수 있는 시대다.

종종 이런 생각을 해본다. 요즘은 표절이 너무나 쉽게 이루어진다. 그렇다면 작가의 전통적인 권리는 어떻게 보호해야 하는가? 요즘은 전문적인 기업의 도움을 받지 않고도 누구나 쉽게 책을 출판하거나 음반을 낼 수 있다. 이 또한 사실이다. 거대 기업은 갈수록 사회에 부를 환원시키는데 인색해져 간다. 오히려 갈수록 욕심을 낼뿐이다.

한편 예술가는 전혀 보호를 받지 못하고 있다. 예술가들이 애써 작품을 만들어 놓으면 아무나 와서 그저 공짜로 사용할 수 있게 되었다. 그러니 예술가들이 무슨 수로 돈을 벌 수 있겠으며, 또 어디에서 작업의 보람을 찾을 수 있단 말인가?

인터넷과 작품을 모방해내는 새로운 기술들이 속속 개발되면서 작가의 권리는 커다란 타격을 받았다. 이제는 표절, 즉 지적인 절도 행위에 대한 우리의 개념도 상당히 많이 변했다. 아주 상습적으로 행해지는 이러한 행위를 우리는 여전히 절도행위라고 부를 수 있을까? 복사기가 대중화되기 시작했을 때도 이와 유사한 문제가 발생했다. 요즘은 아무렇지도 않게 책을 복사한다. 책을 읽고는 싶지만 서점에 가서 돈을 지불하고 사기는 싫은 것이다. 그래서 친구에게서 빌린 책을 복사하면서도 도둑질을 한다는 죄책감을 느끼는 사람은 아무도 없다.

우리들 사이에서 횡행하는 도둑질

앞에서 이미 얘기한 바와 같이, 이 일곱 번째 계명은 원래 영혼 즉 사람을 훔치지 말라는 명령이었다. 그런데 그 이후로 의미가 점점 확대되었다. 남의 물건을 강탈하지 말라, 남의 물건을 노략질하지 말라, 이웃 사람의 믿음과 순진함을 남용하지 말라, 이웃 사람이 합법적으로 누릴 수 있는 권리를 빼앗지 말라. 그러나 이제는 이런 문제도 생각해 보아야 한다. 어쩔 수 없는 상황에서 필요에 의해 저지른 도둑질은 인정될 수 있는가? 무방비 상태에서 당한 사람이 그에 대한 복수로 남의 물건을 훔쳤을 경우, 그 사람을 죄인으로 간주해야 하는가? 요즘의 국가들은 모세가 정한 이 일곱 번째 계명을 지키지 못하는 것으로 정평이 나있다. 이 시대의 국가는 납세자들이 바친 세금을 착복하고 있는 것이다. 거두어들인 세금을 사회복지를 위해 사용하지 않는 것이다. 요즘에는 남의 사상을 훔치기도 한다. 물건을 훔치는 행위보다 훨씬 세심한 주의를 요구하는 문제다. 증권시장에서도 자금시장에서도 사기극은 벌어진다.

이 일곱 번째 계명은 이제 우리 삶의 모든 분야에 해당된다. 모든 사회, 모든 개인의 윤리의식과 밀접한 관련이 있는 것이다. 이제는 절도행위와 정당한 행위를 구분 짓는 선도 애매모호해지고 말았다.

이웃에게 불리한 거짓 증언을 못한다

08

야훼와 철학자가
서로 거짓말하지 않기로 다짐하다

'이웃에게 불리한 거짓 증언을 못한다.' 하지만 사람들이 거짓말을 하지 않고도 살 수 있다고, 정말로 그렇게 생각하시는 겁니까? 괴테가 뭐라고 말했는지는 알고 계시겠지요. 주님은 우리가 우리 속마음을 잘 감출 수 있도록 말이라는 것을 주시지 않았습니까. 그래서 이런 현상이 벌어진 것입니다. 우리는 우리가 말하고 싶지 않은 것을 조금 혹은 몽땅 감추기 위해서 말을 사용합니다.

세상천지가 다 이렇습니다. 주님의 종이라는 자들도 마찬가지입니다. 거짓말 말씀입니까. 과거를 회상하지 않을 수가 없네요. 우리는 수세기를 거쳐 이 땅에 살면서 주님의 이름을 들먹이는 사람들의 독설을 들어왔습니다. 성실하지도 않고 신빙성도 없는 말들을 말입니다. 저는 그 사람들의 말을 전혀 신용하지 않습니다.

그렇습니다……. 그렇게 말씀하셨죠……. 예, 주님이 진리이며 말씀이라는 것은 압니다. 하지만 이 말이라는 것을 어떻게 해야 할까요? 우리는 우리가 하는 말의 주인일 수 있습니까? 이런 말이 있지 않습니까. 침묵은 지배할 수 있지만 말은 지배할 수 없다. 그럴 수도 있겠네요. 우리가 입 밖으로 뱉어낸 것보다 입안에 담고 있는 것이 우리 것이겠지요. 우리는 말을 하게 되면 그 즉시로 핑계를 지어내게 되고, 거짓을 일삼게 되고, 오해를 하게 됩니다. 우리 시대는 선전·광고가 판을 치는 시대입니다. 저도 압니다. 이 계명을 주실 때 주님도 모세도 예상하지 못했던 세태인 거죠. 그때는 선전·광고도, 인터넷도, 선거운동을 펼치는 정치인도 없었던 시대였으니까 말입니다. 시대가 '정보의 시대'로 변하면서 일어난 현상인 것이지요. 주님도 예상하기 어려웠던 일이 아니겠습니까.

사람들을 중상 모략하거나 혼란에 빠트리기는커녕 오히려 정중한 예절 혹은 상상력 풍부한 시처럼 들리는 거짓말이 있다. 또한 일종의 놀이문화로 정착한 거짓말도 있다. 중요한 점은 그 거짓말 속에 담긴 뜻이며, 또 누구를 대상으로 거짓말을 하느냐이다.

그러나 사회구성원들의 상호 신뢰를 해치는 위험한 거짓말도 있다. 사적인 차원을 넘어 공적인 차원에서도 거짓말이 횡행한다. 정치인들, 정확한 정보를 제공해야 할 기자들, 학생들을 가르치는 선생들도 거짓말을 하는 것이다. 이런 거짓말들은 대단히 위험하다. 우리는 이런 거짓말들을 묵인해서는 안된다.

> 거짓말이 없다면 우리 인류는 절망과 권태로 인하여
> 살아남지 못할 것이다.
>
> 아나톨 프랑스

우리 모두는 거짓말을 한다. 문제는 이게 아니다. 사람들이 공식적인 차원에서조차 아무 거리낌 없이 거짓말을 한다는 것이 문제다. 사회 정의, 공공의 혹은 개인의 이익을 해치는 거짓말, 이런 거짓말이 문제인 것이다.

앵글로색슨 세계는 말도 많고 탈도 많은 세상이다. 그러나 거짓말에 있어서는 매우 엄격하다. 우리는 국가 원수의 거짓말에 대해 그 사회가 어떤 반응을 보였는지 잘 알고 있다. 빌 클린턴과 모니카 르윈스키의 경우를 생각해 보라. 우리는 그저 별 추접스런 일도 다 있네, 하고 생각하지만 문제는 거짓말이었다. 한 국가의 대통령이 어느 순간 거짓말을 하고 말았던 것이다. 리처드 닉슨 대통령과 워터게이트 사건도 마찬가지였다. 유권자들은, 즉 국민은 국민의 공복(公僕)인 대통령에게 진실을 요구한다. 그런데 대통령이 거짓말을 한다. 그래서 탄핵을 받았던 것이다. 공무원들은 국가 문제를 논할 때면 재판정에서도 태연하게 거짓말을 늘어놓고, 알 권리를 가진 국민들 앞에서도 거짓말을 일삼는다. 진짜 문제는 바로 이것이다. 이 여덟 번째 계명은 바로 이 점을 문제 삼고 있는 것이다.

거짓말, 허구, 예의범절

예술, 연극, 영화는 모두 허구를 소재로 한다. 예술, 연극, 영화가 보여주는 세상은 현실에서는 볼 수 없는 세상이다. 우리는 그런 세상이 실제가 아니라는 사실을 잘 알고 있기 때문에 거짓말이니 어쩌니 하면서 따지지 않는다. 그러나 그와 동시에 그런 세상이 우리가 사는 세상과 너무나 흡사하기 때문에, 그런 세상을 통해 우리가 사는 세상을 반추해볼 수 있기 때문에 관심을 갖는다.

예의범절도 거짓말투성이다. 우리는 사람들을 만나면 이렇게 말한다. 안녕하십니까, 좋은 하루 되십시오, 매우 아름다우시군요, 만나서 반갑습니다. 그러나 그런 말들은 대부분 인사치레에 지나지 않는다. 우리는 다른 사람들이 좋은 하루를 지내든 말든, 외모가 멋지든 멋없든 별로 신경 쓰지 않는다. 사람들을 만나서 반가운 것도 아니다. 우리는 그런 인사치레가 거짓이라는 것을 너무나 잘 알고 있지만, 상호간의 관계를 유지하기 위해서는 그런 인사말을 건네지 않을 수 없다. 한편, 지나치게 예의범절을 따진다거나 혹은 아예 싹 무시해버릴 때 우리는 기분이 상한다. 우리가 서로 서로에게 요구하는 거짓말도 있다. 예의범절이라는 거짓말, 소설의 거짓말 같은 것들 말이다. 우리는 우리 힘으로 변경할 수 없는 불행한 현실을 감추어주었으면 하고 바랄 때도 종종 있다.

이런 사람들도 있다. 중병을 앓고 있는 사람은 "치료 방법이 없습니다" 따위의 말은 듣고 싶어 하지 않는다. 그런 사람은 "점점 나아지고 있다, 머지않아 건강을 회복할 것이다"라는 말을 들으며 마지막 날들을 보내고 싶어 한다. 폴 발레리의 희곡 『나의 파우스트』를 보면 루스라는 아가씨가 나온다. 우리들 대부분은 꼭 이 아가씨처럼 행동한다. 아가씨가 파우스트에게 묻는다. "진실을 듣고 싶으세요?" 이 질문에 파우스트가 대답한다. "진리보다 더 고귀하다고 여기시는 거짓말을 말해 주시지요." 지금 우리와 똑같다. 우리는 이런저런 이유로 다른 사람이 진리보다 더 고귀하다고 여기는 거짓말을 말해 주기를 원한다. 그리고 우리 자신도 그 거짓말을 진리보다 더 고귀한 것으로 받아들인다.

우고 무히카는 이렇게 단정 짓는다. "우리는 거짓 증언의 홍수 속에 살고 있다. 우리는 너무나 쉽게 거짓 증언을 지어낸다. 우리는 거짓말을 일삼으면서도 우리 마음에 드는 것은 무엇이든 믿는다. 우리는 바다 속에서 산다. 이것은 거짓 증언이 아니라 존재론적인 거짓말이다. 우리의 삶 자체가 거짓이다. 우리는 우리가 전해들은 말을 들은 그대로 다른 사람에게 전달해줄 수 없다. 우리는 전해들은 말을 남들에게 전할 때 너무나 쉽게 나름대로 지어낸 얘기를 보탠다. 한 마디만 보태도 진실은 왜곡될 수 있다. 지식도 왜곡되고 약속도 왜곡된다."

선거 직전, 전쟁 기간, 사냥 이후 때보다 더 거짓말이 난무한 적은 없다.

오토 폰 비스마르크

정치를 한번 생각해 보자. 거짓말이 난무하고 권모술수가 판을 친다. 예를 들어보자. 우리는 자유를 사랑한다고 외친다. 진정으로 자유를 원해서 그런가? 우리는 자유롭게 살 수 있는가? 우리는 자유에 동반되는 위험과 모순을 받아들일 수 있는가?

실수할 수 있는 자유, 남들에게 해를 끼칠 수 있는 자유도 자유라고 할 수 있는가? 문제는 대부분의 사람들이 자유의 긍정적인 측면, 즉 이로운 측면만을 원한다는 것이다. 사람들은 결정적인 순간이 닥치면 자신에게 이로운 것만을 정의 내지는 자유라고 일컫는 것이다.

랍비 사카는 유대인의 입장에서 이 계명을 이렇게 설명한다. "거짓 증언을 하지 말라는 계명은 문명사회를 떠받치는 기둥과 같다. 사람들이 서로 거짓말을 하게 되면 사회를 형성할 수 없다. 약속을 하고도 돈을 지불하지 않고, 물건을 사고도 값을 지불하지 않고, 공약을 내놓고도 지키지 않고, 증언대에서도 거짓을 일삼는 사회가 있다고 치자. 이 사회는 끝내 망하고 만다. 거짓말을 일삼는 사회는 살아남을 수 없다. 그런 사회는 사라지고 말 것이다."

마르코스 아기니스의 생각도 이와 같다. "문화적인 특성으로 인하여 거짓말이 적절한 제재를 받지 않는 나라들이 있다. 이런 사회는 심히 부패한 사회다. 이런 사회에서는 분명한 계획을 세울 수 없다. 이런 사회에 사는 사람들은 자신들이 어디를 향해 가는지, 무엇에 의지해야 하는지 알지 못한다. 오직 혼란과 거짓이 판을 칠뿐이다. 사회 질서를 유지하기 위해서는 거짓말을 처벌하고 진실을 받아들여야 한다. 거짓말에 적절하게 대응하지 못하는 사회는 제대로 발전해가지 못하고 문제 해결에 어려움을 겪게 된다. 진실을 받아들이는 것도 쉬운 일은 아니다. 진실에는 많은 저항이 따른다. 겁을 집어먹고 진실을 얘기하지 못하는 경우도 있다. 진실은 아주 강인한 사람들의 몫으로 보인다. 뭔가 좋지 않은 사실을 알았을 때 입게 될지도 모르는 상처를 견딜 수 있는 사람들 말이다. 바로 이런 사람들은 위험을 무릅쓰면서까지 진실을 캐내려 한다."

나 자신에 대해 생각해보자. 나는 지금까지 다른 누구보다 정직하게 살아왔다고 자부하는 편이다. 내가 어렸을 때 겪었던 어떤 일 때문에 지금까지 고지식하게 살고 있지 않나 싶다. 내가 다섯 살이 되자 부모님은 가정교사를 구해 내게 국어와 산수를 가르치게 했다. 가정교사는 아주 다정다감한 사람으로 우리 가족과 친구처럼 지내는 사이였다. 하지만 형제들과 노는 대신 가정교사와 함께 지내야 하는 처지에 나는 아주 넌더리가 났다. 수업이 끝나도 가정교사가 잔뜩 내준 숙제 때문에 나는 옴짝달싹할 수 없었다. 나는 더 이상 참을 수 없었다. 그래서 드디어 어느 날, 나는 천연덕스럽게 거짓말을 했다. "엄마 아빠가 숙제를 내주지 말라고 하던데요. 선생님이 숙제를 너무 많이 내준대요." 그러자 그 마음씨 착한 순둥이 선생은 이렇게 대답했다. "그래 알았다. 더 이상 숙제를 내주지 않으마." 이틀 후였다. 선생님을 배웅하고 돌아온 어머니가 불같이 화를 냈다. 아마도 그 얘기를 들은 모양이었다. 그때 나는 깨달았다. 거짓말이 어떤 험악한 결과를 가져오는지를.

지금 생각해보니 내가 거짓 증언을 한 적도 있었다. 프랑코가 독재 권력을 휘두르던 때였다. 친구 한 명이 정치적인 문건을 배포했다는 혐의로 체포되었다. 나는 재판정에 나가 그 친구가 나와 함께 다른 장소에 있었다고 증언했다. 하지만 나는 그 일로 양심의 가책을 전혀 받지 않았다. 독재정권 하에서는 사람들의 증언뿐만 아니라 모든 것이 거짓이었던 것이다.

나는 많은 여자들에게도 거짓말을 했다. 사랑한다느니 어쩐다느니 하는 거짓말은 아니었다. 나는 그 누구도 사랑하지 않는다고 떠들어대곤 했는데, 그게 바로 거짓말이었다.

어쨌든 나는 그 누구보다 정직하게 살아왔다고 자부한다. 나는 소설을 즐겨 읽는 편이다. 하지만 나는 명백한 진리를 더 좋아한다. 이런 점에서 볼 때, 철학은 진리를 추구하는 학문이다.

정보와 거짓말

최근 백 년 사이에 정보는 사회의 중심축이 되었다. 이제는 최신의 정보를 입수한 사람들이 막강한 권력을 휘두르게 되었다. 정보 소지자들이 재화(財貨) 소지자보다 더 강력해진 것이다. 사람들은 이제 정보를 제공하는 사람과 정보를 입수하는 사람들로 나누어진다. 이러한 구분은 필수불가결한 것이며, 여기서 진리가 중요한 이슈로 등장한다.

정보가 절대적인 진리를 제공하지 않는다는 사실은 우리 모두 알고 있다. 정보의 영역과 의견의 영역은 차원이 다르다. 언론 매체는 정보를 제공하는 것과 의견을 제시하는 것을 분명히 구분해야 한다. 정보를 제공하는데 가장 중요한 점은 사건의 객관성에 주의를 기울이는 것이다. 한편, 의견은 의견을 내는 당사자가 책임져야 하는 일종의 개인적인 해석이다.

객관적인 정보는 명백한 진실로 받아들여지지만 의견은 그렇지 않다. 우리는 또한 이런 점을 염두에 두어야 한다. 정보를 제공하는 사람들은 대부분 언론 매체에서 일하는 사람들이다. 그리고 그들은 특정한 이익집단을 형성하고 있다. 그들은 또한 사회에 유익한 정보를 제공하기보다 자신들의 이익을 증대시키기 위해 노력한다. 여러 언론 매체들이 무엇을 제공하는지 한번 살펴보라. 언론 매체들은 어떠한 방법으로든 특정 압력 단체, 특정 정당 기타 등등의 이익을 대변해주기 일쑤다. 물론 언론 매체들이 정보를 왜곡하는 것은 아니다. 하지만 자신들의 이익 증진을 위해 정보를 취사선택한다. 이 문제에 대한 분명한 해결책이 있는지 의심스럽다. 내가 할 수 있는 일이라고는 여러 종류의 신문과 잡지를 사서 읽고, 텔레비전 채널을 이리저리 돌려보고, 라디오 주파수를 자주 바꾸는 일뿐이다. 한 마디로 말해서 우리 자신이 여러 곳에서 정보를 구해 서로 대조해가면서 자신의 판단력을 키워가야 한다는 것이다. 그러나 경제적인 여유나 시간적인 여유가 없는 사람들은 그렇게 하고 싶어도 하지 못한다.

우고 무히카는 이렇게 말한다. "언론 매체에서 말은 상품처럼 순환한다. 이제 말도 거래할 수 있는 상품으로 변한 것이다. 말은 꼬임에 빠져 거짓말과 결합하기도 한다. 이상한 점은 아무도 진실을 요구하지 않는다는 것이다. 어느 탱고 음악의 가사와 같다. '내 마음은 거짓말을 원한다네.' 우리는 모든 것을 거짓말로부터 시작하는 것 같다. 우리는 거짓말에 푹 빠져 있는 것이다."

얼마 전에 신문에서 아주 이상한 기사를 한 편 읽었다. 미국에 거짓말 회사라는 것이 생겨나고 있다는 내용이었다. 테러리즘과의 전쟁에 이로운 소문을 만들어 확산시키는 그런 회사라고 했다. 다음날 같은 신문에 그 기사에 대한 정정 기사가 실렸다. 그래서 우리는 이렇게 생각했다. 그야말로 거짓말 창작의 진수를 보여준 것이로구나. 있지도 않은 일을 떠벌려대는 짓말이다.

어느 시대에나 거짓 소문은 자주 활용되었다. 윈스턴 처칠도 제2차 세계대전 중에 거짓 소문을 이용했다. 처칠은 국민들의 사기를 진작시키기 위해 독일군에 대한 승전보를 지어냈던 것이다. 유대인들이 독이 든 캐러멜을 아이들에게 나누어주었고,

우물에 독을 풀었다는 소문이 널리 퍼진 적도 있었다. 이런 어처구니없는 거짓 소문 때문에 끔찍한 만행이 저질러졌다.

세계대전

오손 웰스의 라디오 방송극을 한번 살펴보자. 오손 웰스는 H. G. 웰스의 소설 『세계대전』을 각색하여 라디오 방송극을 만들었다. 화성인들이 지구를 침공하여 이 땅을 유린한다는 내용이었다. 라디오 방송은 너무나 사실적이었다. 그래서 사람들은 방송에 귀를 기울이며 실제 상황으로 받아들였다. 우주선이 지구 상공에 도착하여 도시를 폭격한다고 믿게 되었던 것이다. 나중에는 웃고 넘어갔지만, 사람들은 일시에 혼란에 빠졌고 극적인 장면들이 연출되었다. 오손 웰스는 근사한 예술작품을 하나 만들어내고자 했을 뿐이었다. 이 에피소드는 라디오와 정보의 힘이 얼마나 막강한지 생생하게 보여주었다. 언론 매체의 중요성, 언론 매체를 통한 거짓 정보 유출의 위험성에 경종을 울렸던 것이다. 언론은 사람들의 의견을 변경할 수도 있고, 공황 상태를 조성할 수도 있고, 어처구니없는 흥분을 유발해낼 수도 있는 것이다.

권력을 잡은 사람들은 종종 거짓말을 이용해 과거사를 변경시키려고 한다. 마음에 들지 않는 사실을 지워버리려는 것이다. 조지 오웰의 소설 『1984』에는 거짓말을 관장하는 행정부서가 나온다. 역사를 바꾸고 현실을 왜곡하는 부서이다. 최근 백년간 이런 일들은 수도 없이 벌어졌다.

내가 다녔던 학교 복도에는 선배들의 사진이 걸려 있었다. 스페인에는 유명한 연쇄살인범이 있었다. 하라보라는 인물로 바로 우리 학교 선배였다. 학교 당국은 아세톤을 이용해 어린 하라보의 모습을 지워버렸다. 이런 식으로 과거의 인물은 현재의 잣대로 인하여 영원히 사라져버리는 것이다.

프랑코 치하에서는 모든 것이 그런 식이었다. 우리는 반정부적인 작가, 영화인, 예술가들의 이름을 입에 담을 수조차 없었다. 스탈린은 트로츠키나 기타 권력에서 밀려난 경쟁자들의 모습을 국가 홍보물 사진에서 모두 지워버렸다. 과거사를 바꾸기 위해, 현실을 왜곡하기 위해, 우리가 원하지 않는 현실을 없애버리기 위해 특별법까지 제정되는 형편이다.

나는 장을 보러 슈퍼마켓에 자주 간다. 그때마다 재미있는 것을 목격하게 된다. 오렌지 주스 깡통에는 항상 이런 문구가 붙어있다. '방금 짜낸 과일 주스.' 어림도 없는 수작이다. 주스가 깡통에 담겨 있다면, 이것은 공장을 거쳐 슈퍼마켓에 나온 것이다. 그렇다면 이것은 결코 '방금 짜낸' 주스일 리가 없는 것이다. 우리 모두는 그것이 거짓말이라는 것을 뻔히 알면서도 대수롭지 않게 받아들인다. 광고 문구를 바꾸어야 한다고 주장하지도 않는다. 만일 주스 깡통에 '보름 전에 짜낸 오렌지 주스. 하지만 여전히 싱싱합니다' 라고 씌어 있다면 우리는 그 깡통을 구입하지 않을 것이다. 우리는 단지 신선한 제품을 빨리빨리 공급해 주기를 바랄 뿐이다. 다른 상품 역시 마찬가지다. 아무리 신선하다고 광고를 해도 우리는 적당한 선에서 받아들인다. 광고는 대체적으로 인간의 환상 세계를 넓혀주는 구실을 한다. 우리는 광고를 보고 그 상품에 대해 나름대로 환상을 가지게 된다. 용도가 의심스러운 상품도 있을 수 있다. 하지만 그렇다고 해서 우리의 삶이 위협을 받는 것은 아니다. 광고는 꿈을 생산하는 공장이요, 우리의 환상을 자극하는 매개물이다. 우리가 마음속으로 품었던 생각을 광고는 현실로 보여준다.

마르셀로 카푸로는 이렇게 말한다. "광고는 거짓말을 하지 않는다. 우리의 주의를 끌기 위해 종종 과장하고, 개념을 극대화하고, 상황을 극단적으로 몰고 가기는 한다. 좀 아둔한 사람이라면 어떨지 모르겠지만, '다른 어느 비누보다 세척력이 뛰어난 비누' 라는 광고를 곧이곧대로 믿는 사람은 없다. 비누는 다 비슷비슷하다. 광고에 등장하는 배우나 모델로 인하여 사람들의 관심을 유도하는 광고도 있다. 노골적인 거짓말에 의지하는 광고는 벌을 받아야 마땅하다. 하지만 어느 정도의 과장에 의지하는 광고는, 가톨릭 용어를 사용하자면, '가벼운 죄' 에 해당된다고 하겠다."

없는 사실을 꾸며낸 말만이 거짓말인 것은 아니다. 거짓말이 아닌 것도 거짓말이 될 수 있는 것이다. 진실을 얘기하지 않는 사람도 거짓말을 한다고 봐야 한다. 진실을 밝히지 않는 것, 그 자체도 사물의 의미를 바꿀 수 있다. 저택이나 아파트나 기타 다른 물건을 매매할 때 사람들이 작성하는 계약서를 예로 들어보자. 우리는 소위 구두점이라는 것을 빠트리고 넘어갈 수 있다. 그렇게 되면 긍정적으로 보였던 내용이 부정적인 내용으로 바뀔 수도 있다. 재판에서는 아주 사소한 내용을 빠트려도 위증이 된다. 사소한 내용을 하나 빠트림으로 해서 증언 전체가 믿을 수 없게 되어버리는 것이다. 아주 세심한 주의를 요하는 문제다. 우리는 사소한 내용을 빠트린 사람을 거짓말쟁이로 몰아세울 수는 없다. 하지만 그로 인해 재판에서나 정치에서 또는 여론 형성 과정에 심각한 문제가 발생할 수 있다.

랍비 사카는 이렇게 설명한다. "재판정에서 증언 내용을 빼먹는 사람도 벌을 받아야 한다. 무언가 알고 있지만 재판정에 출두하지 않거나 증언을 거부하는 사람도 벌을 받아야 한다. 행동을 해야 할 때 행동을 하지 않는 것도 옳지 못한 행위다. 그러나 일상생활에서는 종종 말을 하지 않는 것이 더 나을 때도 있다. 원만한 부부생활을 위해서는 싸움을 불러올 말은 일체 생략하는 것이 좋다. 아무리 진실이라고 해도 입을 다물고 있어야 할 때도 있는 것이다. 나쁜 소식이 있을 때도 마찬가지다. 상대방이 알 필요 없는 내용이라면 될 수 있는 한 나쁜 소식은 전하지 않는 것이 좋다.”

한편 부소 신부는 이렇게 말한다. “말을 하지 않는 것이 진실을 인정하는 것일 수도 있다. 대부분의 경우 말을 하지 않는 것은 무언가를 인정한다는 뜻이다. 아버지가 자식들에게 일부러 말을 하지 않고 넘어가는 경우가 많다. 자식들이 던지는 질문에 묵묵히 넘어가는 것이다. 그것은 자식들의 뜻을 인정한다는 의미이다. 자식들은 커가면서 아버지의 침묵의 의미를 차츰 알아가게 된다. 우리가 의무적으로 진실을 감춰야 할 때도 있다. 우리의 정신건강을 위해 제한을 두어야 하는 경우도 있는 것이다. 우리는 성스러운 비밀을 지키기 위해 어느 정도 선에서 진실을 감추기도 한다. 물론 거짓말을 해서는 안 된다. 하지만 비밀을 지켜야 할 경우에는 대충대충 얼버무리고 넘어가야 할 때도 있다.”

우리 같이 신앙심이 없는 사람들은 독재자나 살인마를 대수롭지 않게 속여 넘긴다. 어느 테러리스트나 어느 독재자 수하에 있는 경찰이 내게 뭔가를 질문한다면 나는 쉽게 그를 속일 수 있다. 나는 아무런 양심의 가책 없이 태연자약하게 거짓말을 둘러댈 것이다. 그놈들에게 고통당하는 사람을 도와주기 위해, 아니면 그냥 그놈들을 약올려주기 위해 말이다. 그럴 경우 나는 나 자신을 결코 진실을 저버린 죄인으로 여기지 않을 것이다.

하지만 이건 단지 나 자신의 생각일 뿐이다. 칸트라면 내 생각에 동의하지 않을 것이다. 칸트는 어느 책에선가 이렇게 썼다. 나는 어떠한 조건에서도 거짓말을 할 수 없다, 죄가 없는 사람의 목숨을 구할 수 있다 해도 나는 거짓말을 하지 않을 것이다.

이 계명을 만들어낸 사람들이 가장 신경을 많이 쓴 문제는 재판 과정에서의 증언이었다. 쌍방의 증언 외에는 다른 증거가 없을 때, 가장 중요한 것은 증언을 하는 사람들의 진실성이었던 것이다.

진리가 무엇인가? 빌라도는 판결을 내리기 직전에 그리스도에게 그렇게 물었다. 중세 시대의 가장 유명한 철학자 토마스 아퀴나스는 진리를 이렇게 정의했다. 진리란 지능과 인간의 지성과 사물이 일치하는 것이다. 바로 지성과 현실의 일치였던 것이다. 그러나 우리의 관심을 끄는 것은 이 계명에서 주장하는 진리이다. 거짓 증언을 하지 말라, 거짓말을 하지 말라. 진리란 우리가 지성적으로 인식하는 현실과 우리가 말로 표현하는 현실이 일치하는 것이다. 우리는 윤리적인 혹은 법률상의 이유로 우리가 알고 있는 것을, 혹은 우리가 사실이라고 믿는 것 또는 현실과 일치한다고 믿는 것을 정확하게 말해야 한다. 그러나 그런 의무를 지지 않아도 되는 경우도 있다. 진리를 말하든 않든 가볍게 넘어갈 수 있는 사소한 질문도 있는 것이다.

이럴 경우 우리는 진리를 피해갈 수도 있다. 거짓말은 개인이
나 사회 전체에 심각한 위험을 초래할 수 있다. 우리는 이런 경
우는 반드시 피해야 한다.

네 이웃의 아내를 탐내지 못한다

09

다른 계명들도 마찬가지지만, 이 계명에 있어서도 저는 주님의 의견에 찬성할 수 없습니다. 물론 저는 신경 쓰지 않습니다만, 주님은 신경이 쓰이시겠지요. 요즘 세상은 주님이 생각하시는 그런 세상이 전혀 아니거든요. 예를 들어보겠습니다. '네 이웃의 아내를 탐내지 못한다'라는 계명은 좀 구태의연해 보입니다. 우선, 네 이웃의 아내라는 표현이 문제입니다. 이 표현은 여성을 마치 물건이나 재산처럼 취급하고 있습니다. 우리가 사는 자유분방하고 여성의 권위가 신장된 시대에는 어울리지 않는 표현입니다.

주님은 '이웃의 아내'를 탐내지 말라고 하셨습니다. 뭔가가 좀 부족합니다. 화를 내실지 모르겠지만 한 마디 해야겠습니다. 여성도 '이웃의 남편'을 탐낼 권리가 있습니다. 게다가 바로 그 이웃집 남자를 탐내기 때문에 이웃집 여자를 탐내지 않는 남자들도 있습니다.

야훼 하느님, 모세가 살던 시대와 지금 세상은 완전히 딴판입니다. 부부관계도 예전과 같지 않습니다. 남자의 소유물이 되려는 여성은 한 사람도 없습니다. 물론 주님의 계명에 감사드릴 것도 있습니다. 우리는 수세기를 살아오면서 항상 이런 생각을 해왔습니다. 이웃집 아내가 더 근사해 보인다. 한 마디로 남의 떡이 더 커 보인다는 말입니다. 이웃집 밭에 난 채소가 더 싱싱해 보이는 것과 같은 이치인 것이죠. 이웃집 여자는 언제나 훨씬 더 매력적으로 보입니다. 우리가 접근할 수 없거나 혹은 우리를 외면하기 때문이지요.

에이즈라는 것이 나타나는 바람에 사람들의 생활습관이 바뀌기도 했습니다. 일부일처제를 더욱 철저히 지키는 사람들도 늘어났습니다. 그러나 한편에서는 그룹 섹스를 즐기고 짝을 바꿔가며 즐기는 사람들도 있습니다.

아주 진지한 자세로 이 문제를 풀어나가야 하겠지만, 도중에 웃음이 비어져 나오더라도 용서해 주십시오.

구약성경에는 이 계명과 관련된 에피소드들이 여럿 나온다. 하지만 그 에피소드들은 하느님을 모독하는 것으로 다루어지지 않는다. 우리는 앞에서 아브라함의 부인 사라에 대해 살펴보았다. 사라는 나이가 많아 자식을 잉태할 수 없었다. 그래서 남편에게 첩을 구해주고 잠자리를 같이 하도록 설득했다. 바로 자손을 얻어주기 위해서였다. 한편, 아브라함도 도덕률에 어긋나는 짓을 여러 차례 저질렀다. 성경이 요구하는 도덕률을 순진한 척하며 저버린 것이었다. 성경에는 이렇게 씌어있다. "마침 그 지방에 흉년이 들었는데, 그 흉년이 너무나 심하여 아브라함은 이집트에 몸 붙여 살려고 옮겨 간 일이 있었다. 이집트 땅에 발을 들여놓기 전에 아브라함이 아내 사라에게 당부했다. '나는 당신이 정말 아름다운 여자라고 생각하오. 이집트인들이 당신을 보면 당신의 남편이라고 해서 나를 죽이고 당신만 살려둘 것이오. 그러니 나를 오라버니라고 부르시오. 그러면 내가 당신 덕으로 죽음을 면하고 대접도 받을 것이오.'"

일은 그렇게 진행되었디. 이집트 왕은 사라의 아름다움에 완전히 넋을 잃었다. 사라는 자신을 아브라함의 여동생으로 소개했고, 이집트 왕의 애첩이 되었다. 아브라함은 그 덕분에 대접을 받고 남종들과 여종들, 양떼와 소 떼, 암나귀와 수나귀, 그리고 낙타를 여러 마리 받았다. 하지만 야훼는 사라를 불러들인 벌로 이집트 왕에게 무서운 재앙을 내렸다. 도저히 이해할 수 없는 일이다. 그러는 동안 아브라함은 딴 곳을 멀뚱멀뚱 쳐다보며 딴청을 피웠다. 결국 이 에피소드는 이집트 왕으로서는 원통하기 짝이 없게 끝이 난다. 왕은 아브라함을 불러 꾸짖었다. "네가 어찌하여 나에게 이런 일을 했느냐? 왜 그를 네 아내라고 하지 않았느냐? 왜 이 여자를 네 누이라고 속여 내 아내로 삼게 하였느냐? 네 아내가 여기 있으니 데리고 당장 물러가거라." 이집트 왕은 부하들에게 명하여 아브라함을 그의 아내와 그의 모든 소유와 함께 이집트 땅에서 내어보냈다. 솜씨 좋은 영화감독이라면 누구라도 이 에피소드를 영화로 만들고 싶어 했을 것이다. 허나 수천 년 전 일이었으니, 영화라고는 전혀 몰랐던 시대였으니.

확실한 사실은 이 계명이 재산권이나 소유권과 관련이 있다는 것이다. 현재 우리가 추구하는 자유롭고 개방적인 인간관계와는 전혀 다른 것이다.

페미니스트는 이렇게 주장할 것이다. 부인은 남편의 소유물이 아니다. 한 여성이 한 남성과 부부를 이루고 산다고 해서 그 여성이 그 남성의 소유물이 되는 것은 아니다. 여성도 독립적인 인격체이며, 따라서 누구의 소유물이 아니기 때문에 나름대로 다른 사람과 관계를 맺을 수도 있고 거부할 수도 있다.

이 계명은 모세가 살았던 시대에 여성이 어떤 대접을 받았는지 여실히 보여준다. 원래 이 계명은 이런 것이었다. 네 이웃의 집을 탐내지 못한다. 네 이웃의 아내나 남종이나 여종이나 소나 나귀 할 것 없이 네 이웃의 소유는 무엇이든지 탐내지 못한다. 그러나 시간이 지남에 따라 이 계명은 두 부분으로 나누어지게 되었다. 네 이웃의 아내를 탐내지 못한다라는 계명과 네 이웃의 소유물을 탐내지 못한다라는 계명이 각각 별개의 계명으로 독립하게 되었던 것이다.

이 계명은 질투심과 관련해 생각해 볼 수도 있다. 자기 아내를 다른 남자들에게 자랑삼아 내보이는 남편들이 있다. 이런 남편들은 다른 남자들이 자기 아내를 쳐다봐 주기를 바라지만, 다른 남자들이 자기 아내를 탐하기라도 하면 질투심에 빠져든다. 자기 아내가 많은 남자들에 둘러싸여 있으면서도 완전히 무시되고 눈길 한번 받지 못하면 애를 끓이다가도, 소기의 목적을 달성했다 싶으면 기분이 더러워지는 것이다. 질투심은 도저히 손에 넣을 수 없는 타인의 소유물에 대한 욕심 때문에 생겨난다. 우리는 물건이나 사람은 소유할 수 있다. 그러나 사람이나 물건에 대한 다른 사람의 욕구는 처리할 방법이 없다. 우리는 질투와 시기심을 거의 구분하지 않는다. 그러나 질투와 시기심에도 차이는 있다. 내가 소유하지 못한 것에서 시기심을 느낀다면 내가 소유한 것에서는 질투를 느낀다.

호세 마리아 블라스케스는 이 계명이 근본적으로 소유권에 대한 것이라고 말한다. "원래 이 계명은 집안의 가장이 소유한 인적 재산과 관련된 계명이었다. 이웃의 아내를 탐하는 것은 성범죄였을 뿐만 아니라 소유권을 침해한 범죄이기도 했다. 오늘날에는 아내를 남편의 소유물로 생각하는 사람은 아무도 없다. 아내는 자기 이름으로 등록된 자동차와는 전혀 다른 존재인 것이다. 자동차만 해도 그렇다. 자동차는 부부 공동의 소유물이며, 심지어 자식들까지 진짜 주인인양 부모의 자동차를 몰고 다닌다. 이 계명은 여섯 번째 계명의 반복인 것처럼 보이기는 하지만, 소유권이라는 사회적 성격도 아울러 지니고 있다."

내 여자이기 때문에 죽였다

오늘날은 누구나 다 소유권을 주장하는 세상이다. 그러다 보니 연애를 하는데도 잔인한 일들이 벌어진다. 사랑으로 인하여 많은 범죄가 저질러진다. 범인들은 내 소유물이기 때문에 내 마음대로 처분할 수 있지 않는가라고 주장한다. 강도로부터 집을 지켜내는 것과 같은 식으로 생각하는 것이다. 심지어 자기 아내를 죽이는 사람들도 있다. 이런 사람들은 이렇게 주장한다. 이 여자는 내 소유물이기 때문에 다른 놈들한테 빼앗길 수 없다. 호르헤 루이스 보르헤스는 이 문제를 가지고 근사한 소설을 한 편 썼다. 「침입자」라는 단편 소설이다. 두 형제가 같은 여자를 동시에 사랑하게 된다. 형제는 그 여자를 죽임으로써 둘 사이의 갈등을 해소한다.

끔찍한 소리가 여전히 들려온다. "내 여자이기 때문에 죽였
다." 끔찍한 일을 저질러놓고도 이런 식으로 항변하는 것이다.
탱고 음악에도 이 문제를 다룬 곡이 있다. 알베르토 바예스테
로스가 쓴 시에 곡을 붙인 〈사람들은 이랬지〉이라는 노래다.

일이 있던 어느 날 밤
놈팡이 하나 일을 빼 먹었네
발정 난 강아지 새끼 마냥
거시기를 곧추 세운 채…….
사람들은 이랬지 이랬어, 바로 그때부터라고,
놈팡이는 찾아다녔지
꽁한 마음으로 거리의 여자를
하늘을 날고 땅을 뒤지고, 지금의 나처럼…….
인과응보였던가, 놈팡이는 여자를 만나
두 손으로 그 암캐의 목덜미를 졸랐지,
지금 네가 당하는 것처럼……,
지금 내가 하는 것처럼…….

굳이 탱고 음악까지 들먹일 필요도 없다. 스페인은 지금 아
내 학대 문제로 한참 시끄럽다. 성격이 포악해서 또는 또 다
른 이유로 아내를 학대하는 사람들이 많은 것이다. 남편 곁을
떠나려는 아내를 죽여 버리는 경우까지 종종 발생한다. 술에

취해 집에 돌아와 아내를 학대하는 인간도 있다. 아내들은 참고 사는데 지쳐 집을 나가려 하거나 이혼소송을 준비하게 된다. 그러면 자기 아내를 소유물로 생각하는 남편이란 작자들은 자기 재산을 빼앗기지 않기 위해 아내를 죽여 버리고자 달려든다.

이상하게도 라틴 국가에서는 사랑으로 인한 범죄가 상당히 관대한 처분을 받는다. 희생당한 여자가 가해자인 남자의 뜻에 거슬리는 행동을 했는지 안 했는지가 참고 사항이 되기도 한다. 가해자가 피해자로 둔갑하는 경우다. 사람들의 생각은 완고하다. 어느 아내가 다른 남자와 바람을 피웠다고 치자. 이 경우 우선적으로 벌을 받아야 할 사람은 바로 그 남자다. 다른 사람의 아내를 빼앗았기 때문이다. 그리고 두 번째로 여자가 벌을 받는다. 주인을 속였기 때문에 벌을 마땅하다는 것이다. 우리 사회는 발전에 발전을 거듭해왔지만 이런 케케묵은 생각이 아직도 사람들의 의식 속에 남아 있는 것이다.

우리는 감정을 제대로 다스리지 못한다. 그리고 우리 문화는 남성을 여성 위에 군림시켜 놓았다. 그러다 보니 가정 내에서의 폭력은 다반사로 벌어진다. 여배우 마리 트린티냥의 경우를 예로 들어보자. 그녀는 리투아니아의 어느 호텔 방에서 남편 베르트랑 캉타에게 얻어맞아 죽었다. 네 아이의 어머니였던 이 여배우는 아이들의 아버지인 전남편과 바캉스를 떠나려고 했는데 캉타가 질투심에 못 이겨 그녀를 때려죽이고 말았던 것이다.

"원하던 것을 가지게 되었네요." 소유와 사랑을 구별 못하는 사람들은 이렇게 말하기 일쑤다. 진정으로 애정을 가지고 있다면 이런 말은 입에 담을 수 없다. 우리가 누군가를 사랑한다고 치자. 우리가 원하고 구하는 것은 우리가 사랑하는 사람의 행복이다. 우리와 함께 살던 사람이 다른 사람과 함께 살게 된다고 해도, 우리는 그런 상황을 인정하고 다음과 같이 말할 수 있어야 한다. "나하고 있을 때보다 지금이 더 행복해 보이니 마음이 놓이네." 물론 쉽지 않은 일이라는 것을 우리는 안다. 모든 애정에는 사랑 외에도 소유욕이 포함되어 있다. 프랑스의 도덕주의자 프랑수아 라 로슈푸코는 아주 적절한 말을 했다. 모든 사랑의 고통은 바로 자존심으로 인한 고통이다. 대부분이 그렇다. 우리는 우리의 잃어버린 사랑을 하소연하기도 한다. 그러나 그것은 상처받은 자존심을 지키기 위한 것이다.

> 남자는 어느 여자와도 행복하게 지낼 수 있다.
> 그 여자를 사랑하지 않아도 행복할 수 있는 것이다.
>
> 오스카 와일드

루이스 데 세바스티안은 이렇게 말한다. "가정에서는 어느 누구도 명령할 수 없다. 남편도 아내도 명령하지 못한다. 부부 관계는 주인-하인, 왕-신하, 명령-복종과 같은 관계가 되어서는 안 된다. 부부 관계에 있어서 남편과 아내는 상대의 소유물이 아니다. 행복하고 지속적인 관계를 유지하기 위해서는 남편과 아내가 각각 독립성을 계속 지켜나가야 한다. 부부는 책임 있고 자유로운 두 사람으로 이루어진다. 부부가 화목하게 살기 위해서는 서로를 존중해야 한다. '내 딸을 자네 아내로 주겠네'라는 표현은 마치 물건을 건네주는 것과 같다. 외부로부터 오는 위험 때문에 안정된 부부 관계가 깨지는 것은 아니다. 부부 중 누군가가 다른 사람을 사랑하게 되면 그때 부부 관계는 위험에 빠진다. 그런 일이 생겼다는 것은 이미 그 이전에 부부 관계에 금이 갔다는 것을 뜻한다. 위험은 내부에 존재한다. 우리는 날마다, 무슨 일이 닥쳐도, 배우자를 성심 성의껏 대해야 한다."

유혹은 상당히 까다로운 문제다. 많은 경우 우리 인간은 다른 사람이 원하는 물건에 욕심을 부리게 된다. 다른 사람이 원하는 물건이 있으면 우리 역시 그 물건을 가지고 싶은 욕심이 생긴다. 우리의 욕심은 어느 선에서 끝이 날까? 이런 욕심은 연애 행각에서 자주 나타난다. 정복자로서 이름을 떨친 남자가 있다고 치자. 이런 남자는 다른 사람들의 기대에 부응해 더 많은 여자를 정복하려고 들 것이다.

우리 인간은 다른 사람이 원하는 것을 원한다. 명백한 사실이다. 모든 남자들이 한 여자를 원한다고 치자. 그렇다면 그 여자는 사람들이 원하는 그 무엇을 가지고 있는 것이다. 모든 여자들이 한 남자 뒤를 졸졸 따라다닌다고 치자. 그 남자에게 무언가 특별한 점이 있는 것이다. 이렇게 해서 욕망의 삼각형 구도가 이루어지는 것이다.

그러나 유혹은 그와 다르다. 유혹은 일종의 긍정이면서 그와 동시에 일종의 부정이다. 유혹은 욕망이면서 그와 동시에 거부이다. 한 쪽 문을 열면서 다른 쪽 문을 닫는 것과 같다. 예민하지 못한 사람이 그런 충동을 느끼게 되면 혼란에 빠질 수도 있다. 강간을 저질러놓고도 이렇게 변명하는 사람들이 있다. "그러니까……, 그 여자가 나를 자극했어요. 내게 그래도 된다고 했거든요. 아니 꼭 그러는 것 같았어요. 그런 냄새를 풍겼다니까요." 사람들의 의도를 잘못 이해하게 되면 이런 일들이 벌어지는 것이다. 우리에게는 생각의 자유는 있지만 그래도 신중하게 판단해야 한다.

우리는 이상적인 부부에 대해 오랜 세월 동안 잘못 생각해왔다. 완벽한 결합이란 부부 쌍방이 자율권을 완전히 포기하고 한 몸을 이루는 것이라고 생각해왔던 것이다. 두 사람이 한 몸을 이룰 지니라 하는 말이 있다. 우리는 이런 말도 자주 듣는다. "우리 사이에 비밀이란 없어. 우리는 항상 생각이 같고 의견이 같아." 이건 그야말로 몽상에 불과하다. 완벽한 소유를 노리는 수작인 것이다. 한 사람을 완전하게 소유하려는 수작인 것이다. 우리는 사랑을 넓게 보아야 하지만 좁게도 봐야 할 필요가 있다. 서로 다른 두 사람이 서로를 사랑한다, 그러나 서로의 독립성을 유지한다. 아름답고도 훌륭한 모습이 아닌가. 한 몸을 이루지 않는다고 해서 사랑을 포기한 것은 아니다. 자기 자신을 사랑한다고 해서 그걸 이기심이라고 부를 수는 없다. 상대방의 인격과 성격을 모두 존중해주면서 그 사람을 사랑하기란 결코 쉬운 일은 아니다. 따라서 우리는 마리오 베네데티의 시를 항상 염두에 두어야 한다. "너와 나는 두 사람 이상이야. 두 사람 이상이 되는 것, 물론 좋은 일이야. 그러나 항상 두 사람으로 존재하는 것, 그것도 나쁘지 않아."

남녀 칠세 부동석

고대인들은 이렇게 생각했다. 집안에서의 생활을 제외하고 남자와 여자는 따로따로 떨어져 생활해야 한다. 일종의 여성 차별이었다. 앞에서 이미 언급했듯이 아내는 남편에게 얽매인 존재였다. 그리고 남편은 자신이 원하는 여자와 가까이 있을 때 자제력을 잃기 십상이었다. 그래서 남자들은 남자들끼리 지내게 되었다. 특히 젊은이들은 더욱 조심해야 했다. 한편 여자들도 남자들과 멀리 떨어져 여자들끼리 지냈다. 행여 남자들이 강렬한 충동에 이끌려 피해를 입을 수도 있었으니까. 오늘날에는 남자와 여자가 함께 교육도 받고 일도 하고 생활도 꾸려 간다. 요즘 여자들은 조심스럽게 몸을 가리고 다니지 않아도 된다. 원하는 옷은 아무거나 입을 수도 있다. 은근하고 도발적인 옷을 입고 다니는 여자도 많다. 따라서 요즘 남자들은 자제력이 무척 강해야 한다. 최근에 들어서야 남자들의 자제력이 문제가 되었다. 오랜 세월 동안 남자들의 자제력은 문제가 아니었던 것이다. 요즘 남자들은 성적인 암시나 유혹에 흔들리지 않고 사는 법을 배워야 한다. 문명이 발달함에 따라 우리 인간의 사고도 변하지 않았나 싶다. 남자와 여자 사이의 관계는 점점 더 자연스럽고 민주적으로 변해가고 있다. 이제 남자와 여자는 상호보완적인 존재가 된 것이다. 문제는 라틴 국가의 대다수의 남정네들이 아직까지도 케케묵은 사고방식을 버리지 못하고 네안데르탈인처럼 처신한다는 것이다.

　내가 도저히 이해할 수 없는 문제가 하나 있다. 남자든 여자든 아름다운 사람을 보고 즐거워한다고 해서 그게 왜 나쁘단 말인가? 이 문제는 분명히 우리 자신의 성(性)과 관계가 있을 것이다. 우리가 우리 자신의 몸뚱이와 우리 자신의 성 습관에 대해 의식하지 못한다면, 우리는 남자든 여자든 그 사람을 아름답다고 판단할 수 없을 것이다. 우리의 욕망을 자극하는 욕망과 싸운다는 것은 중력의 법칙과 맞서 싸우는 것과 같다. 그러나 우리는 우리의 욕망이 부정한 짓을 저지르지 못하도록 단단히 조심해야 한다. 끝없는 나락으로 빠질 수도 있다.

이 아홉 번째 계명은 많은 점을 생각하게 한다. 이런 질문들이 떠오른다. 인간은 어느 정도까지 다른 인간에게 속할 수 있는가? 각각 다른 두 사람이 각자의 개성을 지켜나가면서도 부부관계를 이끌어가기 위해서는 어떻게 해야 하는가? 쉽게 대답할 수 없는 질문들이다. 정절을 지킨다는 것은 일종의 미덕이다. 수백 년에 걸쳐 전해 내려온 청교도적인 요구 사항이다. 그러나 그것은 또한 여자를 소유물로 본다는 뜻을 포함하고 있다. 우리는 유혹과 욕망에 대해서도 고려해보아야 한다. 남자와 여자가 얼마나 다른지에 대해서도 생각해보아야 한다. '네 이웃의 아내를 탐내지 못한다' 라는 계명을 고찰해볼 때마다 이런 문제들이 한꺼번에 떠오르는 것이다.

네 이웃의 소유를 탐내지 못한다

10

작가와 야훼가 이 계명을 지키는 데 있어서의 어려운 점들에 대해 얘기를 나누다

이 계명은 참으로 지키기 어렵습니다. 요즘 세상은 탐욕이 판을 치는 세상이니까요. 칭찬이 자자한 사람들도 탐욕으로 똘똘 뭉쳐있습니다. 사람들의 탐욕은 끝이 없습니다. 성공을 해도, 돈을 모아도, 도둑질을 해도 성이 차지 않는 것입니다. 대부분의 사기행각은 부자가 되고 싶은 사람들에 의해서가 아니라 부자로도 만족하지 못하고 더욱더 많은 돈을 벌려는 사람들에 의해 저질러집니다. 주님도 잘 아시겠지만, 이런 일은 수천만 명의 사람들이 하루 1달러도 안 되는 돈을 가지고 생활하는 곳에서 빈번하게 벌어집니다. 끝도 없는 탐욕이 판을 치는 꼴을 보면 겁이 나기도 하고 화가 치밀기도 합니다.

다음과 같은 사실을 알아주셨으면 합니다. 시기심—탐욕의 원동력—이 항상 부정적인 것만은 아닙니다. 저는 지금 경쟁심, 자긍심, 남보다 일을 잘 처리하고 싶은 욕구, 남의 것을 빼앗지 않고 돈을 모으려는 욕망에 대해 얘기하고 있습니다. 물질적인 것만이 문제가 되는 것은 아닙니다. 사람들의 인품도 문제입니다. 용맹성, 성실성, 지식 등도 질투의 대상입니다. 이런 성품은 긍정적인 자극을 유발시킵니다.

그러나 우리 인간은 원래 이렇습니다. 우리는 눈으로 뚜렷이 구분할 수 있는 것에 더 많은 관심을 둡니다. 돈이 많은 사람을 시기하고, 권력이 있는 사람을 질투하고, 무슨 대표 자리를 연연해합니다. 이런 욕심에 우리 인간은 짐승만도 못한 짓을 저지르게 됩니다. 사람들은 남보다 뛰어나 보이고 싶은 욕심에 보기에도 오싹할 정도로 험한 표정을 지어 보입니다.

주님이 지정한 지옥으로 떨어진 사람을 저는 한 번도 보지 못했습니다. 신경 쓰지 마십시오⋯⋯. 주님이 허락하신다고 해도 가까이 가서 볼 생각은 없습니다. 하지만 상상은 할 수 있습니다. 바로 저 욕심꾸러기들과 같은 꼴이겠지요. 자신이 손에 넣지 못한 것을 차지하기 위해 끝없이 탐욕을 부리는 그런 인간들. 과거로부터 오늘날까지 주님의 이름과 권능을 시기하고 탐했던 인간들은 어떻습니까. 신이라도 된 양 자처하면서 보복이라도 하듯 사람들을 자기들 멋대로 다룬 사람들은 또 어떻습니까. 이제부터는 주님이 깜박했던 문제들을 다루고자 합니다. 주님도 공감하시리라 믿습니다.

우리 모두 알고 있는 바와 같이 이 계명은 아홉 번째 계명에서 떨어져 나온 것이다. 앞에서 살펴본 것처럼 아홉 번째 계명은 시기심과 욕망이 얼마나 중요한지 여실히 보여주었다.

시기심은 온갖 범죄의 원천이라고 할 수 있다. 시기심은 함께 모여 사는 우리 인간의 특성에서 비롯된다. 우리는 서로가 닮았기 때문에 서로를 시기한다. 앞에서 말한 바처럼, 우리는 다른 사람들이 원하는 것을 우리도 원하기 때문에 다른 사람을 시기한다. 예를 들어보자. 꼬마 아이들에게 선물을 줄 경우, 대부분의 아이들은 자기가 받은 선물보다 다른 아이들이 받은 선물을 더 갖고 싶어 한다.

우리 어른들도 마찬가지다. 우리는 다른 사람들이 원하는 것을 갖고 싶어 한다. 이때 우리는 서로를 시기하게 된다. 특히 오직 한 사람만이 가질 수 있는 물건이 있다고 치자. 우리 모두는 그 물건을 차지한 사람을 시기할 수밖에 없게 된다. 경쟁심과 시기심은 우리의 사회생활에 그 뿌리를 두고 있는 것이다.

랍비 이삭 사카는 이렇게 설명한다. "이 계명을 어기게 되면 앞의 계명들 또한 어기게 된다. 시기심에 불타는 사람이 도둑질을 하고, 시기심에 불타는 사람이 거짓 증언을 하고, 시기심에 불타는 사람이 살인을 하고, 시기심에 불타는 사람이 간음을 저지른다. 시기심은 우리 사회에서 저질러지는 온갖 범죄

의 뿌리이다. 하느님은 우리에게 사회생활을 포기하라고 명령
하지 않는다. 다만 우리를 일깨워줄 뿐이다. 탐욕과 시기심과
야망을 잘 다스려야 한다, 그렇지 않을 경우 인간은 패가망신
하게 된다, 살인·절도·간음·위증과 같은 큰 죄를 저지르게
된다."

프란시스코 데 케베도

말라빠진 누렁 강아지와 같은 시기심은 어느 시대에나 존재
했다. 오랜 세월 동안 시기심에도 그룹에 따른, 계층에 따른,
혹은 계급에 따른 구분이 있었다. 계급 사회에서 아랫사람들은
그들끼리만 서로 시기할 수 있었다. 아랫사람들은 윗사람들을
시기할 수 없었던 것이다. 인도의 파리아 계층을 예로 들어보
자. 사회의 최 하층민으로 여겨지는 이 사람들은 다른 파리아
는 시기할 수 있어도 브라만 계층은 시기할 수 없다. 인도 사회
는 수직 이동이 불가능한, 오직 수평 이동만 가능한 사회의 전
형이다.

우리는 고전 연극에서도 이런 점을 살펴볼 수 있다. 계급이
나 계층에 따라 문제가 다른 것이다. 왕족이나 귀족은 그들 사
이의 경쟁심이나 야망에 따라 패거리를 이루고, 하인이나 하층
민은 그들끼리 서로를 시기한다. 계급이나 계층이 다른 사람들

은 일체 서로를 간섭하지 않았다. 13세기 말엽부터 서서히 밝아오기 시작한 평등 사회의 특징은 시기심도 민주화되었다는 것이다.

우리 모두는 서로를 시기한다

우리 모두가 평등하다면, 우리는 모두 서로를 시기할 수 있다. 사회 최 하층민 출신도 백만장자가 되고 싶어 하고, 유명한 영화배우가 되고 싶어 하고, 텔레비전 경연대회에 나가 상을 타고 싶어 한다. 우리 모두는 모든 것을 평등하게 누릴 수 있다. 우리는 정해진 계급을 인정하지 않는다. 우리 모두는 이렇게 생각한다. "남이 가진 것은 그 무엇이나 나도 가질 수 있다." 자본주의 사회에 민주화된 시기심. 여기서 출세욕과 금전욕이 나올 수밖에 없다. 우리 모두는 더 높은 곳을 향해 나아갈 수 있는 것이다. 현대 사회는 시기심이 계층이나 계급별로 나누어지는 그런 세상이 아니다. 시기심도 이제 완전히 개방된 것이다.

요즘에는 남들로부터 시기를 받는 것을 일종의 자랑 내지는 특권으로 생각한다. 다른 사람을 시기한다는 것은 어느 정도 그 사람을 인정하는 것이기 때문이다. 시기를 받게 되면 우쭐해진다. 시기하는 사람보다 자신이 더 높은 위치에 있다는 기분이 들기 때문이다. 말장난처럼 들릴지 모르겠지만, 우리는 우리가 시기하는 사람들이 지닌 물건뿐만 아니라 그들의 지위까지도 시기한다.

시기심과 함께 다루어야 할 문제가 있다. 바로 우쭐거림이다. 청교도 정신이 진하게 배어 있던 시대에 부자들은 우쭐거리기를 싫어했다. 19세기 말과 20세기 초의 권력자들은 수수한 옷을 입고 소박하게 살았다. 그러나 요즘은 모든 것이 변했다. 이제는 자신이 가진 모든 것을 과시하며 살아간다. 그래야 인생을 만끽할 수 있다는 듯이. 그래야 다른 사람들로부터 시기를 받을 수 있으니까. 누구나 잡지에 실리고 싶어 한다. 그림, 보석, 가구 등등으로 치장한 유명인사들의 저택이 잡지에 속속 실리고 있다. 축제는 드러내놓고 자신을 과시할 수 있는 좋은 기회다. 고급 자동차가 등장하고, 미남 미녀들이 줄을 선다. 남들에게 없는 물건이 내게 있어야, 남들이 누리지 못하는 것을 내가 누려야 신나는 인생을 사는 것이다.

돈과 권력이 있는 사람들만 이러는 것은 아니다. 가진 것이 별로 없는 지지리 가난한 사람들 사이에도 시기심은 존재한다. 집단 수용소에서도 예외가 아니다. 다른 사람이 지닌 구두 한 켤레 때문에, 혹은 물을 받아먹을 수 있는 사발 하나 때문에 사람들은 서로를 시기한다. 시기심은 별로 중요하지 않는 물건 때문에 발생하기도 하지만 다급한 상황에 놓여 심각한 고민에 빠져 있을 때에도 발생한다. 생존본능과 관련된 애절하고도 곤혹스러운 감정 때문에 시기심이 발생하기도 하는 것이다.

민주주의 역시 시기심을 조장하고 확산시킨다. 시기심은 공동체에 대한 지배·권력이라는 재산에 대해서도 탐욕을 부린다. 이 경우에 시기심은 긍정적인 가치를 지닌다. 민주주의 체제를 예로 들어보자. 우리는 '시기하는 동물'이기 때문에 우리의 지도자들을 감시한다. 이것은 긍정적인 면이다. 우리는 우리 사회에서 우리의 대변자들이 부당한 특권을 누리는 것을 용납하지 않는다. 우리는 그들에게 일련의 특권을 양도하기는 했다. 하지만 우리가 투표를 해서 자리를 차지한 그 사람들이 그 자리를 이용해 사리사욕을 채우는 것은 방관할 수 없는 것이다. 그들이 부당한 짓을 저지르면 민주화된 시기심이 발동해 이렇게 지적한다. "그렇게 해서는 안 된다." 옛날에는 전제 군주나 막강한 권력을 휘둘렀던 군주들이 자금을 횡령하고 사치를 부리고 권력을 남용해도 어느 누구도 그것을 따질 수 없었다. 하지만 오늘날 우리는 우리의 지도자들에게 따진다. 우리도 그들과 똑같은 인간이기 때문에, 그들이 누리는 혜택을 우리도 누리고 싶기 때문에, 우리는 우리 지도자들에게 부당한 혜택을 주려고 하지 않는다. 민주주의 사회에서는 시기심이 일종의 정치적인 감시망 역할을 수행한다. 공무원, 대기업, 정치인 모두 이 감시망에서 벗어날 수 없다. 이런 점에서 보자면 시기심은 일종의 정화작용을 한다. 우리는 시기심 때문에 부정부

패를 방지할 수 있는 것이다.

마르틴 루터

마르틴 카파로스는 이렇게 말한다. "우리는 우리 자신의 발전을 위해 다른 사람의 재산을 탐낼 수 있다고 생각한다. 어느 정도의 재산을 모아야 발전이라고 생각하기 때문이다. 우리가 다른 사람의 재산을 탐하는 것은 그것이 우리의 것이 아니기 때문이다. 따라서 이 계명을 곧이곧대로 받아들인다면 우리는 원시공동체 사회로 돌아갈 수밖에 없다. 특정한 소유주가 없는, 모든 재산을 공동으로 소유하는 그런 사회로 말이다. 이 계명을 엄격하게 적용시키면 자본주의는 하루아침에 끝장나고 말 것이다. 이 생뚱맞은 계명이 반드시 지켜지기를 원하는지 교황에게 이메일을 보내 알아보는 것도 괜찮은 방법인 것 같다."

희망을 주는 시기심

광고의 세계에서 시기심은 아주 이상하게 작용한다. 광고주는 가능한 한 많은 사람들에게 많은 상품을 팔기를 원한다. 그러나 광고주는 물건을 구입한 사람이 자기 자신만이 독특하다는 느낌을 가질 수 있도록 만들어야 한다. 의상이나 식품이나 여행상품을 팔아야 할 경우, 구매자로 하여금 자기 자신만이 그 상품을 산다는 기분을 갖게 하면서, 그와 동시에 가능한 한 많은 사람들에게 같은 상품을 팔아야 하는 것이다. 똑같은 상품을 구입하는 사람들이 제각각 차별화를 느낄 수 있도록 하기 위해서는 어떻게 해야 하는가? 효과적인 광고는 사람들로부터 차별화를 이끌어내는 것이 아니라 공감대를 형성하는 것이다. 그래야 상품을 대량으로 생산해서 많은 사람들에게 팔 수 있다.

모든 재산을 공동으로 소유하는 공동체에는 탐욕이 존재하지 않는다. 타인의 소유물에 대한 탐욕은 사유재산권이 인정되는 사회의 산물이다. 그런 사회에 속한 사람들은 타인의 소유물을 시기하고 탐한다. 정확하게 말하자면 완전한 사유재산은 없다. 모든 재산은 사회공동체 구성원 전원의 노력에 의해 형성된다. 혼자서 자기 자신의 능력만으로 부자가 될 수는 없는 노릇이다. 능력이 뛰어나도 사회에 소속되지 않으면 소용이 없다. 성공을 보장하는 것은 바로 사회생활인 것이다. 모든 재산은 사회공동체 공동의 것이다. 사회는 사회공동체 전원이 동등한 생활을 누릴 수 있도록 한계를 정해야 한다.

사회의 부가 한쪽 계층으로 치우쳐 공동체 내의 균형이 깨지는 경우도 있다. 그렇게 되면 소수가 누리는 혜택을 국민 다수가 누릴 수 있도록 하기 위해 소수의 재산을 몰수하기도 한다. 역사상 일어났던 위대한 혁명들을 생각해보자. 그 혁명들은 권력을 가진 소수가 국민 다수의 재산을 빼앗아 과도한 부를 형성했을 때 일어났다. 혁명가들은 소수의 재산을 빼앗아 다시 사회에 환원시켰던 것이다. 정치적인 문제뿐만 아니라 윤리적인 문제가 엉켜들 때 이 문제는 더욱더 복잡해진다.

부소 신부는 이렇게 말한다. "기독교에서 사유재산은 기본적인 개념이다. 하지만 종속적인 개념이지 절대적인 개념은 아니다. 우리는 하느님께서 창조한 세상을 공평하게 물려받았다. 우리는 공동의 선(善)을 위해 타인의 재산을 몰수할 수 있다. 그것은 기독교 윤리에 위배되지 않는다. 사유재산이 타인에게 해를 끼치거나 부당하게 이용될 경우도 있다. 이때 우리는 마땅히 개인의 이익보다는 공동의 선을 먼저 생각해야 한다. 가난이 문제가 되는 이유는 세상에 인구가 너무 많아서가 아니라 먹을 것이 골고루 나누어지지 않기 때문이다."

권력욕과 금전욕은 무언가가 부족하기 때문에 생겨나는 것이다. 우리가 아무리 애를 써도 채워지지 않는 부분이 있다. 오손 웰스가 만든 영화 〈시민 케인〉은 이런 점을 여실히 보여준다. 주인공 케인은 제너두의 저택에 온갖 재물을 쌓는다. 그는 심지어 돈으로 사람들의 몸과 의식을 사기도 한다. 케인은 흔히 사람을 행복하게 만든다고 하는 그 모든 것을 손에 넣는다.

그러나 케인은 생의 마지막 순간에 문득 깨닫게 된다. 사람들의 평가와는 달리 그는 필수불가결한 어떤 한 가지를 구하지 못했던 것이다. 그것은 바로 거짓이 아닌, 돈으로도 살 수 없는, 진실한 애정과 존경심이었다.

> 진정으로 시기를 받을 수 있는 사람은 한 사람도 없다.
>
> 아르투르 쇼펜하우어

아름답고 유익한 물건을 탐하는 사람들을 나는 전혀 탓하지 않는다. 돈에 관심이 없다고, 아무것도 필요 없다고 호언장담하는 사람들, 나는 이런 인간들을 신용하지 않는다. 나는 내 집에서 물건을 훔쳐 가는 놈들을 절대 용서하지 않을 것이다. 날마다 은행 잔고를 늘리기 위해 혈안이 되어 있는 인간들, 날마다 조금 더 조금 더 하고 외치는 인간들, 나는 이런 인간들을 정상인으로 생각하지 않는다. 우리 자신이 가진 소유물이 우리 자신을 소유한다는 사실을 절대 잊어서는 안 된다.

마르코스 아기니스는 탐욕을 정확히 정의한다. "탐욕은 인과응보다. 탐욕을 부리는 인간은 신화 속에 나오는 인물과 같다. 손을 대는 모든 것이 금으로 변해 끝내 굶어죽은 그 인물 말이다. 가지면 가질수록 더 많은 것을 원하기 때문에 결코 만족을 모르는 존재, 절대 행복해질 수 없는 존재. 아무데도 가지 못하고 하염없이 제자리만 맴도는 바퀴, 그 바퀴에 매달려 미친 듯

돌아가는 존재. 그런 존재가 바로 탐욕이다.”

랍비 사카는 이렇게 말한다. “탈무드는 이렇게 설명한다. 많이 가진 자일수록 탐욕을 더 부린다. 많이 가진 자일수록 더 많은 것을 필요로 한다. 하나를 가진 자는 두 개를 원하고, 두 개를 가지게 되면 네 개를 원하게 된다. 이웃의 소유를 탐하지 말라는 이 계명은 재산이 없는 사람들에게만 해당되는 것이 아니라 우리 인류 전체에게 해당되는 계명이다. 이 계명은 하느님의 마지막 계명이다. 탐욕이 일어 주체할 수 없게 되면 앞에 나온 아홉 개의 계명을 어기게 된다. 탐욕은 끝없이 돌아가는 범죄의 바퀴를 돌리는 역할을 하는 것이다.”

‘네 이웃의 소유를 탐내지 못한다’ 라는 계명은 많은 의미를 내포하고 있고 또 많은 문제를 제기한다. 시기심은 우리가 천성적으로 타고난 것이다. 특히 우리가 사는 민주사회에서 시기심은 그 절정에 달한다. 시기심이 항상 나쁜 것은 아니다. 시기심은 민주주의가 잘 유지되도록 도움을 주기도 한다. 뛰어난 인물들을 존경하게 되는 것도 다 시기심이 있기 때문이다.

우리는 이 계명을 다룰 때 ‘네 이웃의 소유’ 라는 개념에 대해서도 잘 살펴보아야 한다. 사유재산이란 무엇인가? 공공재산이란 무엇인가? 우리는 어느 정도까지 사유재산을 소유할 수 있는가? 우리가 가진 재산 중 사회 공동의 재산에 포함되지 않는 것은 무엇 무엇인가?

앞에서 아홉 번째 계명을 살펴볼 때 확인한 것처럼, 다른 사람들이 어느 특정한 물건을 원하게 되면 우리 또한 욕심을 부리게 된다. 이 문제는 쉽게 결론을 내릴 수 없는 아주 복잡한 문제다. 생각하면 생각할수록 어려워지는 문제인 것이다. 우리는 탐욕을 분석하면서 우리 사회의 속 깊은 면면들을 고찰해보게 된다. 우리의 재산에 대해, 그 재산을 어떻게 분배해야 할 것이냐에 대해, 어떻게 함께 나누며 공존할 것이냐에 대해 생각해보게 된다.

우리 인간에게는
더욱 엄격한 신이 필요하다

십계명은 오늘을 사는 우리에게 과거의 모든 문화가 겪었던 문제들을 보여준다. 십계명은 우리 인간들의 욕망과 그 욕망의 좌절을 보여주는 리스트라고 할 수 있다. 우리 인간의 욕망은 좌절할 수밖에 없다. 왜냐하면 인간의 욕망에는 끝이 없기 때문이다. 우리 인간의 욕망은 한계를 모르기 때문이다. 십계명은 원만한 사회생활을 위해 우리 인간의 욕망을 어느 정도 다독여 참아내게 만든다. 모든 문화에서 타부나 금지나 명령―온갖 종류의 규정들―은 사회 전체를 위해 우리의 욕망을 다독이는 역할을 수행한다.

문화적인 관점에서 볼 때, 십계명은 십계명이 만들어진 그 당시의 개인적인 좌절의 리스트였다. 하지만 십계명 중 몇 가지 계명은 오늘날에도 유효하다. '살인하지 못한다' 또는 '거짓말하지 못한다' 라는 계명은 어느 누구라도 수긍할 수 있는 계명이다. 그와 반대로 오늘날에는 통하지 않는 계명도 있다. 우리의 욕망을 제어하지 못하는 계명도 있는 것이다. 어떤 계명이 오늘날까지 유효한가 아닌가 하는 문제는 별로 중요하지 않다. 우리는 지금 문명사회에 살고 있다. 그리고 사회생활을 영위해나가기 위해 우리는 우리의 욕망을 어떤 식으로든 제어해야 한다. 우리는 이런 총체적인 맥락에서 십계명의 뜻을 고찰해보아야 한다. 이것이 중요한 점이다.

모세의 율법은 모세가 살던 시대의 사람들이 취할 수 있었던 여러 다양한 행동에 대한 대답이었다. 그런데 우리는 지금 그 시대에는 몰랐던 상황 속에서 살고 있다. 따라서 우리는 우리 시대에 맞는 새로운 법률을 만들어내야 할 처지에 놓여 있는 것이다. 유전공학과 인공수정의 발달로 이전에는 몰랐던 새로운 가능성이 활짝 열리게 되었다. 아리스토텔레스는 이런 문제를 연구하기는커녕 신경도 쓰지 않았다. 이런 일이 벌어지리라고는 전혀 생각지도 못했던 것이다. 하지만 오늘날에는 아버지 없는 자식, 어머니 없는 자식, 아니 그 둘 모두 없는 자식이 태어날 수도 있게 되었다. 과학이 어떻다느니, 순수 학문이 어떻다느니 하는 차원을 떠나, 아비도 어미도 없는 자식이 태어난다는 것은 윤리적으로 볼 때 용납할 수 없다. 이 문제는 앞에서 이미 언급했다. 얼마 전까지만 해도 생각지도 못했던 사태가 벌어진 것이다. 우리는 이 문제를 깊이 생각해보아야 한다.

새로운 윤리 도덕을 만들어내자는 얘기가 아니다. 수세기를 거쳐 전해 내려온 원리원칙을 이 새로운 세상에 어떻게 적용하느냐 하는 것이 문제인 것이다.

십계명은 세계 방방곡곡으로 퍼졌다. 그러나 다른 문화도 십계명과 유사한 금지사항을 나름대로 지니고 있었다. 하느님의 계명 중 임의로 정해진 것은 하나도 없다. 하느님의 계명에는 보편적인 윤리관이 내포되어 있는 것이다. 진리보다 거짓을, 용기보다 비겁함을 선호한 문화는 하나도 없다. 민족에 따라, 시대에 따라 문화가 형성되고 가치관이 정해져왔지만, 모두 한결같은 기준을 보여주는 것이다.

비판의 차원을 넘어 생각해보자. 우리처럼 신앙인이 아닌 사람들도 엄격한 신, 잔인한 신, 복수의 신이라는 개념을 그리 나쁘다고 생각하지 않는다. 모든 금기는 어떤 끔찍한 징벌을 전제로 세워진다. 우리가 십계명을 지키지 않으면 무슨 일이 벌어질까? 우리 인간이 서로 서로 죽이겠다고 달려들게 되면 무슨 일이 벌어질까? 우리가 진리를 거부하겠다고 마음먹으면, 이웃의 물건을 훔치면, 길거리에서 만나는 모든 여자를 강간하면 무슨 일이 벌어질까? 끔찍한 세상이 되고 말 것이다. 바로 이 끔찍한 세상이 엄격한 신의 모습인 것이다. 신이 없는 세상은 바로 그런 끔찍한 세상인 것이다. 징벌을 내리는 신. 신이 정해준 한계가 없다면 바로 우리 인간이 그런 가공할만한 신이 될 것이다. 물론 야훼는 두려운 존재이다. 그러나 금지사항이 없는 인간은 야훼보다 더욱 두려운 존재로 돌변하게 될 것이다. 우리 자신의 가공스러운 표정을 생각해 보라. 우리 인간이 두려움 없이 하고 싶은 데로 마음껏 권력을 휘두르게 되면 우리의 운명은 그야말로 끔찍해질 것이다.

우리는 그리스도가 이 땅에 심어준 신의 모습을 알고 있다. 인간의 모습으로 우리 곁으로 다가왔다가 끝내 순교자가 된 신. 물론 우리가 감히 따라갈 수 없는 존재를 시적으로 표현한 것이리라. 법적인 차원에서 보자면 복수의 신이 훨씬 효과적이다. 사랑의 그리스도는 이렇게 말했다. "너희는 서로 사랑하여라. 그리하면 법도 필요 없을 것이다." 옳은 말이다. 그러나 불행하게도 우리 인간은 서로 사랑하지 않는다. 그래서 우리는 지극히 혹독한 법으로 돌아가게 된다. "너희는 서로 두려워하여라. 그리고 법을 준수하여라."

1) (역주) 출애굽기 20장 1~17절과 신명기 5장 6~21절, 신명기 27장 15절 이하와 레
   위기 19장 13절 이하를 비교해 보면 우리는 열두 개 이상의 계명이 있다는 사실을
   알 수 있다.

2) 움베르토 에코(Umberto Eco)와 카를로 마리아 마르티니(Carlo Maria Martini) 공
   저, 『믿음이 없는 사람들은 무엇을 믿는가(En qué creen los que no creen)』,
   Madrid, Temas de Hoy, 1997.

3) 마르코스 아기니스(Marcos Aguinis)는 1935년 아르헨티나의 코로도바에서 태어났
   다. 어린 시절부터 세계 여러 곳을 다니며 의학, 정신분석학, 예술, 문학, 역사를 두
   루 공부했다. 1963년에 처음으로 책을 출판한 이후로 일곱 권의 소설, 여덟 권의
   수필집, 네 권의 단편집, 두 권의 자서전을 펴냈다. 유네스코와 UN의 지원에 힘입
   어 PRONDEC(Programa Nacional de Democratización de la Cultura)을 설립
   했다.

4) 가톨릭 사제이며 신학자인 아리엘 알바레스 발데스(Ariel Álvarez Valdez)는 아르헨
   티나 부에노스아이레스에서 태어났다. 여러 권의 저서 중 『이스라엘의 역사: 민족의
   기원으로부터 시몬 바르 코실바의 반란까지』, 『정치적 통일을 이루기 위한 수단으로
   써의 약속의 땅 정복』, 『묵시록의 아마겟돈』, 『성경의 수수께끼』등이 유명하다.

5) (역주) 느브갓네살 왕이 예루살렘 함락시키고 유대 민족을 포로로 잡아간 해는 기
   원전 586년이다.

6) 루이스 데 세바스티안 카라쇼(Luis de Sebastián Carazo)는 스페인의 경제학자로
   바르셀로나 ESADE 대학의 경제학 교수이며 '기독교와 정의를 위한 시민단체'의
   회원이다. 그는 현재 〈엘 파이스〉 신문에 사설을 싣고 있으며 IBRD의 고문으로 활
   약하고 있다. 여러 권의 저서 중 『노예에서 인권으로』, 『민주주의의 씨앗: 라틴아메
   리카에서의 참여민주주의 경험』, 『안식년 2000년: 외국차관 탕감』, 『희망을 위한
   변명』, 『미국에서의 가난』 등이 유명하다.

7) 이삭 사카(Isaac Sacca)는 아르헨티나의 위대한 랍비로 '부에노스아이레스 스페인
   계 유대인 연합'에 소속되어 있으며 '샤바 토브(Shavva Tov, 유대주의 존속을 위
   한 운동)'을 이끌고 있다.

8) 에밀리오 J. 코르비에르(Emilio J. Corbière)는 아르헨티나 사람으로 작가, 신문기
   자, 대학교수로 활동하고 있다. 〈라 방가르디아〉, 〈라 오피니온〉, 〈라 나시온〉, 〈티엠
   포 아르헨티노〉, 〈수르〉 등의 신문과 잡지의 편집장을 역임했다. 현재는 스페인어판
   〈르 몽드 디플로마티크〉를 운영하며 〈노티시아스〉지의 칼럼니스트로 활동 중이다.
   여러 저서 중 「아르헨티나 코뮤니즘의 기원」과 「오푸스 데이: 가톨릭 전체주의」가
   유명하다.

9) 조지 버로우(George Borrow), 「스페인에서의 성경(La Biblia en España)」,
   Madrid, Alianza Editorial, 1983.

10) 아리엘 D. 부소(Ariel D. Busso)는 아르헨티나의 사제로 아르헨티나에서 가장 권
    위 있는 교회법 학자로 여겨진다. 그는 여러 신문에 교회법과 교회에 관한 글을
    실었다. 저서보는 「목자와 신자: 교회 공동체를 만들어 가는 사람들」이 있다.

11) (역주) 구약성경 판관기 11장 참조. 이스라엘 민족의 판관 입다는 전투에 임하기 전
    에 하느님께 맹세했다. 입다의 딸은 죽기 전에 두 달간의 말미를 얻어 친구들과 함
    께 산에 들어가 처녀로 죽는 것을 한하여 실컷 울었다. 그리고 집으로 돌아와 아버
    지 손에 죽었다.

12) 마르셀로 카푸로(Marcelo Capurro)는 아르헨티나의 신문기자로 광고업에도 종사
    하고 있다. 1995년에 일간지 〈라 프렌사〉의 사장을 역임했고 현재는 잡지 〈데바테〉
    의 사장으로 있다.

13) 마리아 블라스케스(José María Bláquez)는 스페인의 작가 겸 역사학자이다. 그는
    경제, 사회, 예술 등 다방면에 걸쳐 많은 저서를 남겼다. 현재는 마드리드 콤플루
    텐세 대학교 명예교수로 있다. 여러 저서 중에서 「지중해 연안 고대 유럽, 페니키
    아, 카르타고의 종교사」와 「고대 동양사」가 유명하다.

14) 마르틴 카파로스(Martín Caparrós)는 1957년 부에노스아이레스에서 태어났다. 그
    는 신문, 잡지, 라디오, 텔레비전에서 스포츠, 투우, 문화, 요리, 정치, 경찰 등 각
    분야에 걸쳐 기자로 활동했다. 〈엘 포르테뇨〉, 〈바벨〉, 〈파히나/30〉 등의 잡지를 발
    간하기도 했고, 다수의 소설과 수필을 발표하기도 했다.

15) 우고 무히카(Hugo Mujica)는 아르헨티나의 신부로 작가로서도 명성을 날렸다. 「하
    얀 숯불」, 「지금 없는 사람을 맞아들이기 위한 방법」, 「최초의 말」, 「안개 속으로
    날아간 화살」등의 작품이 있다.